谨·以·此·书
献给我的爱人王芳芝

重新发现教育

高峰 著

中国人民大学出版社
·北京·

目 录

自序　重新发现了教育的什么　/001

I /003 教育的生态

教育亟须回归原生态　/005
何谓学校　/006
教育首先是一种选择　/007
教育最终要给孩子什么　/009
教育不可能一蹴而就　/010
教育很具体　/011
教育需要脚踏实地行走　/012
没有差异，就没有教育的发生　/014
学校生长在自己的田地里　/015
学校必须拥有丰富多彩的智力生活　/017
孩子的事只能是孩子的事　/018
保护孩子的秘密世界　/020
欺凌是校园文化的彰显　/021
是什么让学生成了我们所希望的那样　/023
学校的本质追求是培养合格的人　/024
快看看那棵树　/025
教育的果实是挂在树上的　/027

II /029
教育的病理

掰芽教育 / 031
中国教育的逻辑 / 032
解放儿童尚未成为历史 / 033
学校应拒绝造假 / 034
状元之"状" / 035
无法听到一节"完整"的课 / 036
究竟该不该过洋节 / 038
教室不是贴标签的地方 / 040
警惕传统文化里的陷阱 / 041
我们是为了工作，还是为了学生 / 042
不是某中学错了 / 044
奢华校园不等于优质教育 / 046
拷问今天学校的功能 / 047
我们的教学是不讲理的 / 048
家长的"变"与"不变" / 049
也谈校园危机事件 / 051
怎样断送孩子的未来 / 052
家长的护犊子 / 054
"校闹"之后，最受伤害的是学生 / 056

III /059
教育的本质

办教育就是投一份"种子钱" / 061

教育常常在"应然"与"实然"之间较量 / 062

教育人的心里要有人 / 063

学校的使命是培养个性化的公民 / 065

我们的儿童立场 / 067

校园是用来让孩子爱的 / 068

霍金成长历程的教育学启示 / 070

影响一生的教育 / 071

在孩子们的心田里埋下一粒种子 / 073

这里的校园静悄悄 / 074

种地对教育的启示 / 076

学校的自由问题 / 078

一个人如何优雅起来 / 079

校园与树木 / 080

让学校慢下来 / 081

课程决定国家的未来 / 082

重新定义儿童学习 / 084

是鼓励选择,还是不允许选择 / 085

IV / 087
教育的思考

芬兰教育为什么这么优秀 / 089
薄弱学校的起死回生 / 090
教育，从21岁开始 / 092
不要把学校教育看得那么神圣 / 093
我们需要一些血性教育 / 094
我们是要"教育改革"，还是要"学校变革" / 095
不要被"问题山"挡住 / 096
学校是如何把一些孩子"打"回家去的 / 097
谁有权决定教学这件事 / 098
追问考试的价值 / 100
人生的黄金阅读时光在童年 / 101
还给孩子们一个挺拔的腰身 / 103
把孩子培养好才是最辉煌的事业 / 106
制定特殊儿童上学标准势在必行 / 107
要在回应社会诉求与遵循办学规律之间寻求平衡 / 109
父亲，麦田的守望者 / 112
建立人格平等的亲子关系 / 114

V / 117
教育的行动

把学校"扛"起来 / 119

种好校园里的责任田 / 120

教育是个体力活 / 123

为什么是"童话长廊" / 124

为孩子的"脚"定做一双合适的"鞋" / 125

提高教学质量的"七三"定律 / 127

从"打猎"到"打靶":落实"三有"课堂 / 130

一本童书的价值 / 133

游学课程游什么 / 135

让孩子们过一个有年味的元宵节 / 136

为什么开设离校课程 / 139

过一个"三不"儿童节又何妨 / 140

劳动教育课程是学生成长的沃土 / 142

今天如何做母亲 / 144

为何要专门邀请爸爸到学校参加家长会 / 145

VI /149
教育的未来

向着正确的教育方向　／ 151
孩子们为什么要求平等　／ 152
警惕高位均衡下的学校同质化　／ 153
为什么要给学校找一个"婆婆"　／ 155
为高天赋儿童另辟培养路径　／ 156
为什么要开设"超学科"课程　／ 157
我们离城乡教育均衡有多远　／ 158
教师的归教师，家长的归家长　／ 160
为什么要在学校设立"特区"　／ 163
立德树人：既要读书，又要远行　／ 166

后记　寻找教育的原生态　／171

自序

重新发现了教育的什么

当我们轰轰烈烈地进行应试教育、追逐分数、共享利益的时候,我们不会去思考教育对人的价值究竟是什么。

无论怎样界定和理解教育,显然,教育都是帮助人们成长的手段、工具、途径、过程。教育本身不是我们的目的,通过教育帮助人们更好地成长,从而获得美好的生活,拥有幸福的人生,才是我们的目的。

但是在实际的教育工作中,我们常常忘记了自己的目的,而把教育本身当成了目的。

学生因为一次考试成绩不理想,就受到老师的严厉批评和家长的责骂;因为学科作业没有完成,而被老师罚站在教室门口……我们在与谁叫板?

可能更正确的做法应该是:学生考试没有考好,我们就要帮助他找到没有考好的原因,帮助他自省、自悟,更好地完成学业。学生没有完成作业,可能有很多原因。譬如,没有理解当天学习的新知识、新技能;比如,因为贪玩或跟父母外出而忘记了写作业……我们应该怎么办?应该理解学生,帮助学生,从中找出教育要素,通过批评或鼓励,帮助学生养成正确的作业观,培养良好的作业习惯。

有的学校为了"教绩",采用非人道的办法去追逐考试成绩。譬如,每次考试后都会根据考试成绩重新排座位。有的学校让考上"状元"的学生隆重"游街",用重金奖励他们,这看似是在奖励学生,实则是在追逐成绩和名利。有的学校专门"选拔"学习优秀的学生,甚至通过各种办法"掐尖",然后进行"造神"运动,以获取更多教育资源和利益。

有的地方政府片面关注高考结果,忽视全体学生的发展,也忽视很多学生早晚会在当地就业这一事实,采用基础教育非均衡发展政策,重金打造高中阶段的教育,而不顾及其他阶段的教育,甚至采取考试成绩排名的方式去管理学校,逼迫校长和教师,最后把升学压力传递给学生。

以上种种,都是把教育当成目的,把教育当成牟取利益的手段,不论从社会层面、学校层面,还是从教师、家长个人层面,均异化和扭曲了教育的本质追求。

我们要重新发现教育,回归教育"让人成为人"这一根本追求,让教育成为帮助人们获得幸福的手段而不是目的。

Ⅰ 教育的生态

教育亟须回归原生态

自 20 世纪 50 年代凯洛夫《教育学》传入中国后，虽然经历多次课改，但凯洛夫教育思想中的偏颇之处，仍未得到有效纠正，最明显的就是"以教材为中心、以教师为中心、以课堂为中心"的教学格局仍继续主导校园。

多年来，中国涌现出许多课改。我们对其中的典型经验和创新案例进行分析就会发现，它们依然是以上"三个中心"的变种，其根本问题是忘记了教育的根本目的。夸美纽斯在《大教学论》中说："学校需要改进，但要以两点为宗旨：第一，我们想要的是什么？第二，根据什么原则去做？"

大家都知道教育的根本目的是帮助孩子发展，为国家培养合格的公民。然而，到了实践中，校长、教师和家长常常就会忘记孩子是发展的主体，反而把自己置于教育的中心，以专制者的方式硬性闯入孩子的世界，明火执仗地剥夺孩子自由、自主成长的权利。

教育需要文化自觉。到了该回归教育原生态——牢记教育的根本目的的时候了。

回归教育原生态为什么如此之难？一是因为现代教育模式、教学流程是省力、简单的，教育者不愿付出精力、冒着风险去改变。二是因为教育体制，包括选拔制度、用人制度、评价制度，进一步固化了教育模式。三是因为功利主义泛滥，本位主义横行，有些人没有教育操守和民族担当。

怎么回归教育原生态？教育的文化自觉如何养成？可行的办法是回归儿童本位，顺应孩子的天性去组织教育教学。譬如，放假了，学校会安排教师备课，学校年年要求，教师岁岁备课，可大部分教师可能都是在应付差事，因为他们没有从孩子出发，而是依据自己的主观想法去备教材，甚至直接抄袭。

玉泉小学在期末监测后用一天时间，由每个学科的学术委员会主任分析本学期的教学质量，分析教学中存在的问题。这些问题往往是基于孩子、充分考虑学情的。我们希望每位教师备课时都从自己班里的孩子出发。

只有把强权的、主观的、专制的教育教学行为转化为儿童本位的课程与学程，并让其从儿童那里不断生发出来，才能回归教育原生态。

三

何谓学校

总体而言，学校是有计划、有组织地进行系统教育的组织机构。现代学校具有"教书育人"的功能。而"教书育人"带有强烈的主观性和强制性，因而现代学校极易忽视孩子个性化的发展需求。为此，美国教育家杜威提出了"教育即生活，教育即生长"的观点。对此我们可以这样理解：孩子们的生活本身就是教育，他们的成长过程就是教育，学校不过是为他们的成长提供了一个平台、一种帮助，因而学校"教书育人"的功能发生了变化——我们主要是帮助孩子朝着自己的发展方向不断成长。

我和玉泉小学全体班主任曾到一所学校参观。我们来到一位老师的教室，她谈到班里一个很特殊的小朋友。这个小朋友不善言谈，与人交流困难；但用画画来表达，却可以做得很好。那位老师向我们展示了这个小朋友的绘画作品，四幅歪歪扭扭的画，表现了自己的家庭生活，创作思路十分清晰。虽然这个小朋友口语表达有问题，但通过画画照样可以发展自己的思维，表达自己的情感。这位老师如此欣赏这个在我们看来有些问题的孩子。她并没有"教书育人"，而是在帮助孩子成长。

学校一位老师找我，送来一封家长的来信，反映他们班一个特殊孩子与其他孩子发生冲突的事。老师说，这个孩子几乎不听课，上课时到处爬，影响课堂教学。显然，这是一个有问题的孩子。从信中，我可以感觉出老师的无奈和其他家长的不满。

我说："作为老师，我们不能因为某个孩子有问题而厌恶或歧视他，也不能因为他与其他孩子有冲突而抱怨。如果持有这样的态度，就只能说明我们还是试图把每一个孩子都培养成我们希望的那样。在教育中，我们教育工作者应该保持冷静、理性，想办法帮助每一个孩子成长。"

教育首先是一种选择

学校教育具有共性，孩子们来到学校，不管愿意还是不愿意，都会被强制分到某个班级，跟随固定的某位老师，学习同一门课程，接受同一种教育。这种共性，反映在校园生活的各个方面。譬如，同一时间上课、下课，同一时间课间休息、上卫生间，统一做课间操，统一用午餐，统一分配座位，统一编小组……孩子们谁和谁成为同桌，成为舍友，成为同班同学，带有很大的偶然性，是典型的"拉郎配"——一切都不是学生自己的选择。

有一年我到美国公干，同住的一位同伴倒下就睡，睡起来则呼噜震天响。这对我这种先看书再睡觉的人来说简直就是一种灾难，我一晚上基本上不用睡了。其实，组织者可以事先征求一下每个人的意见，再进行合理搭配。譬如，有的人喜欢早睡早起，有的人喜欢晚睡晚起，有些人不怕别人打呼噜……可以让大家自己选择。

由此我想到了学校，我们总是随意地、强制性地把孩子们组合在一起。我在担任一所寄宿制学校校长时，就曾研究过如何分配学生宿舍的问题。譬如，分出几种不同类型的学生，让他们自己选择舍友。我还提出过"同伴学习"。"同桌"往往是老师根据学生个子高矮、男女性别随意组合的，他们之间没有合作的基础。"同伴"是根据学生的性格、爱好、特长、学业水平等多种要素选择性组合的，这样，"同伴"就有了相互合作学习、探究的基础。我们希望在每一节课上学习不同科目和内容的时候，孩子们可以自由选择"同伴"进行"同伴学习"。

虽然学校教育具有共性，但我们可以为孩子们提供不同的个性选择。

一天听广播里说，某沿海城市中考加试体育，要求每个孩子在20多个规定的体育考试项目中抽出两个项目参加测试。也就是说，为了体育中考，孩子们需要准备这20多个项目。教育主管部门的用意，是引导学校重视体育教学，鼓励孩子积极参加体育运动，并拥有多种体育爱好。但这种不管孩子个体差异、兴趣爱好、愿不愿意、适不适合、带有强制性的体育测试，从某种意义上说，就是与孩子作对。如果不是让每个孩子都准备这20多个项目，而是让他们根据自己的爱好选择自己喜欢的几个项目进行锻炼，是否更具有教育意义、锻炼效果？

好的教育必然强调选择。

教育最终要给孩子什么

杨福家是享誉海内外的著名核物理学家。他曾担任过英国诺丁汉大学校长。

中国科学院前院长路甬祥说，诺丁汉大学聘请杨福家院士为该校校长，是对他科学工作的成就、贡献及影响的高度评价与认可，这既是他个人的荣誉，也是中国科学家的骄傲。

杨福家的好友、美国得州大学达拉斯分校副校长冯达旋如此评价他——作为一个得州人和篮球迷，他十分高兴地看到中国运动员姚明创造了中国人在 NBA 的历史，然而，姚明的成就如果与杨福家所取得的、打破了近千年英国高等教育传统的成绩相比，就相形见绌了！

这样一个了不起的人，学校教育在他身上到底发生了什么作用？

杨福家小时候很调皮，以至于到了初中后被学校勒令退学。杨福家很庆幸自己高中时进入了上海格致中学。他曾说过，格致中学给了他人生最可贵的两件东西。一是人生观，这使他从一个糊里糊涂的"小捣蛋"变成了一个有梦想、有追求的人。二是点燃了他头脑里知识的火花，培养了他学习和做学问的兴趣，更让他懂得了在追求理想的过程中必须尊重客观事实、尊重知识。

杨福家并没有提及格致中学教给了他多少知识，只是谈到格致中学教给了他正确做人的道理。

教育不可能一蹴而就

2016年诺贝尔奖开奖第一天,日本科学家大隅良典折桂诺贝尔生理学或医学奖。当别人告诉他这一消息时,他笑了,说:"真的吗?"

21世纪以来,日本诺贝尔奖获奖人数快速增长,其中物理学奖8位、化学奖6位、生理学或医学奖4位,共计18位。而从1949年汤川秀树成为日本首位诺贝尔奖获奖者,到今天共计有27位日本科学家获奖。日本科学家在诺贝尔奖上的成绩主要集中在21世纪,集中在物理学和化学两个领域。

日本人为何能获得这么多诺贝尔奖?为什么我们的学校培养不出杰出的人才?

什么是杰出的人才?在科学领域里,获得诺贝尔奖就是一个重要指标。于是,我们的中小学、大学纷纷开始了各式各样的"加工",试图马上"加工"出能够获得诺贝尔奖的人才。

当"是否能够获得诺贝尔奖"成为我们民族痛点的时候,我们就未免着急。我想说,教育可不是一件一蹴而就的事,需要我们静下心来,回到教育大地,踏踏实实地行走。

有研究表明,获得诺贝尔奖的日本科学家大多有相对美好的童年,他们喜欢亲近自然、探索自然,喜欢阅读,善于积累。1973年诺贝尔物理学奖获得者江崎玲于奈有此感悟:一个人在童年时通过接触大自然,萌生出最初的、天真的探究兴趣和欲望,这是非常重要的科学启蒙教育。

日本早稻田大学教授森康晃说,日本科学家获得诺贝尔奖,是由于知识的长期积累,是因为基础研究积累、大力培育人才,并非一朝一夕之功。我们要摆正心态,放长眼光,按照教育规律、人才成长规律,扎扎实实地办教育。

教育是关乎未来的事业，欲速则不达。我们只有坚持办优质教育，几十年之后，才可能创造奇迹！

三
教育很具体

我们经常能够见到两种人。一种是"主动的社会参与者"，其中有一些人"见到好处就夺，见到机会就抢，见到利益就抓"，这些人一旦位高权重，就会成为高高在上、贪婪成性的"大老虎"。还有一种是"被动的社会参与者"，其中有一些人没有正义感，对社会漠不关心，这些人走到极端，就会成为苍蝇式的反社会分子。

这两种人都是社会进步的阻碍者。那么，这两种人是如何"生产"出来的？

行为主义心理学认为，成人出现的问题，大都可以在其儿童时期找到原因。其实，在小学的课堂上就可以找到这两种人的影子。

在课堂上，有些孩子特别善于表现，他们争强好胜，有机会就抢夺，几乎占据了课堂发言、展示的主导权；有些孩子则不主动参与，不愿意表现，往往沉默不语。这有孩子性格的原因，但主要是我们的"教室文化"造成的。

为什么？因为老师往往喜欢那些善于表现自己、回答正确的孩子，这些孩子经常站起来回答老师提出的问题，久而久之，他们就成了教室里的"学霸"。那些不善表达、腼腆、内敛的孩子，老师则常常"忘记"他们，他们被逐步边缘化，失去参与的热情，失去对教室公共事务的关心，成为教室里的沉默寡言者或冷眼旁观者。

为了解决教室文化的这种弊端，玉泉小学没有喊口号、唱高调，而是采用了具体的方法——启用"公平筐"，即在每间教室的讲台上放置一个称为"公平筐"的竹筒。"公平筐"里放上写有数字的竹签，每根竹签上的号码对应一名学生，师生互动、学生发言、学生评选、学生参与活动，甚至午餐谁吃多出的肉丸子时，不再是老师喜欢谁就叫谁，或任由学生去抢，而是通过随机抽签的办法，让每一个学生都有机会参与。这能让每一个学生都保持随时准备参与的热情，让每一个学生的思维始终都处于活跃状态，最终实现每一个学生积极、全面的发展。

三

教育需要脚踏实地行走

今天中国教育改革的浪潮滚滚而来，"概念"满天飞，"流派"遍地流，很容易让我们迷失办学方向。

首先，是我们易被忽悠。一位校长朋友不远千里来到北京，花了几千块钱参加某个知名大学某系举办的某研讨会，会上"大家"林立，"名角"一堆，从会场布置到会议流程设计，都堪称"高、大、上"。会议期间，这位校长跑到我们学校参观，和我聊起了会议的事，我问："听了这些专家、学者的报告，您学到了什么呀？请分享一下主要观点。"他摇了摇头说："都说得一套一套的，听起来非常正确；但是，说是一回事，做又是一回事。回去如何落地，我看他们讲的一条也不管用。"这样的无实效的会议，现已在全国各地遍地开花，很多其实就是某些公司与一些大学、科研机构、学会、协会等联合举办而营利的。这种会议，我们要慎重选择。

其次,是自己搞大呼隆。听了别人的忽悠后,以为学到了好经验,就想复制、模仿,在自己的校园里搞起了大呼隆。譬如,在展示大会上看到某位名师如何上课,回去就要求自己的老师也要像那位名师一样讲课。殊不知,这位名师之所以成为名师,一是因为具有很厚的学养,这不是一般老师可以学来的;二是因为具有过人的智商和潜质,这不是一般老师所具有的;三是因为付出了比别人更多的努力,这是一般老师很难做到的。这样的名师以及他们打磨了多次的课,一般老师是很难学的。

最后,是对学生"糊弄"。教育没有捷径可走,仰望星空没有错,但如果不能脚踏实地行走,而是天天乱刮风,使校园里飞扬浮躁,"糊弄"学生,就会十分危险。教育工作者必须具有坚定的教育哲学,坚守教育规律,对学生、对民族的未来负责,形成自己独立的办学主张,不受别人忽悠,不去搞教育教学改革的大呼隆。只有这样,才能不"糊弄"学生。

一天,我看到学校英语教研室的全体老师"躲"在会议中心搞教研,争论得脸红脖子粗的;看到三年级的语文老师和教学干部非常认真地在听一位青年老师的课。下午教研活动时,我看见四年级的5位数学老师凑到一块儿商讨教案,一年级的好几位语文老师在研讨语文教学……全校老师各忙其忙,忙而有序,忙而有效,学校就应该这样啊。

玉泉小学这几年一直立足于自己的校园、自己的老师、自己的学生、自己的家长、所在的社区,踏踏实实地做"草根"研究,拒绝任何"忽悠",也不搞教育教学改革的大呼隆,从而实现了教师的专业成长和教学质量的提高。

没有差异，就没有教育的发生

一般学校，每个班级总有几个让老师头疼的学生。老师不仅要多付出许多努力，还很难管好班级，从而影响自己的教育教学业绩。因此，大家往往都不喜欢这些学生。但我认为，如果没有学生之间的差异，就没有教育的发生。

儿童在学习上存在个体差异，是客观存在的事实。这些差异体现在很多方面，既有认知方式的不同，也有学习风格、与人交往方式的不同，还有情感体验方面的差异。这些差异往往让课堂学习变得复杂、难以预测。譬如，对动作技能，有些学生学得很快，有些学生学起来则很费劲；对数学概念，多数学生可能很快就能掌握，有些学生则一错再错很难掌握，等等。

个体差异往往导致学生在学校教育生活中的巨大差异。一些学生的课堂生活富有成效，充满关爱和互动，经常能得到老师和同伴的反馈；一些学生的课堂生活则是静坐、被批评、被罚站或者枯燥无味地操练等。

面对这些差异，我们抱怨、逃避，是没有用的。这些差异是正常的，就像社会上有政治家、科学家，也有清洁工、厨师一样。假如社会上都是政治家、科学家，没有清洁工、厨师，这个社会还能够存续下去吗？同理，假如一个班级40个学生都是爱因斯坦，都是"超人"，没有差异，还会有教育发生吗？

杜威说："学校即社会。"拥有不同个性和特点的一群学生，构成了一个小型社会组织。组织里的人存在差异，可以让大家从不同的角度去认知人、理解人、感悟人、适应人、团结人，从而让所有人努力走向至善，达成和谐。所以，如果教育工作者认为自己班级里的"个体差异生"是负担，那么这是他不够专业的典型表现。

个体差异是一种教育资源，这表明人们对世界和事物有着多样化的认知方式。只有在了解这种差异的基础上改善教育方法，教育才有可能获得成功。

学校教育的使命并不在于证明存在个体差异，并据此筛选学习能力强的学生，而在于利用个体差异，改善个体差异，让学生获得基本的素养，最终发展成一个理性的、完整的、全面的人。

三

学校生长在自己的田地里

一次到哈尔滨参加全国小学名校特色课程研讨会，顺道考察了一位校长朋友的小学校。

数年前，我在博客上收到一条信息，就是这位朋友谢校长发来的。她问："在我们这样一所不像学校样子的学校里，如何做幸福教育？"

不久，她所在的区教育局组织校长来北京培训，她在培训之余跑到我们学校，考察了我们的课程与教学情况。她不断地诉说着一年没有得到一分办学经费但还想把学校办好的强烈愿望。后来，我邀请她和他们学校的老师来参加我们学校的课程研讨和展示。他们积极参与了我们学校的语文校本学习资源在他们学校落地的实验。后来，我们召开全国幸福教育联盟年会，这位校长也来到北京，代表学校正式加入了全国幸福教育联盟。

上午，我来到这所被高楼大厦包围着的只有一座破旧的三层楼的小学校里。楼面脏兮兮的，楼前是一块不大的、硬化的操场，再远处是一块菜地，地里的豆角、大葱等长得颇为茂盛。我的第一感觉是这所学校所在地是城中村。

及至进入教学楼时，眼睛一亮：到处都是孩子们关于中秋节主题的手抄报——张张字迹娟秀，色彩鲜亮，看得出孩子们接受了良好、扎实的教学训练。

课间操升旗时，我看到全校170多个外来务工人员子弟整齐地站着，眼里是阳光、自信、灿烂的光芒。主持人是两名四年级学生，他们普通话标准，声音洪亮，毫不矜持。五星红旗升起的时候，我看到旗杆是破裂的，我的眼角湿润了。直觉告诉我，虽然这是一所严重缺乏资源的小学校，但这里进行的是幸福教育呀！

谢校长告诉我："去年一年没有收到教育经费，今年还不错，前几天刚刚到账两万块钱。由于本区工资低，暑假里有三位老师考到外区去了。因为事关生计问题，我也不能拦住他们，所以今年最大的困难是老师严重不足。没有办法，我在微信里发出求援信息，来了两位志愿者。真有好人哪！一会儿您见见他们，他们希望认识您。"

在座谈结束的时候，一位40多岁的女老师走了进来，与我握手寒暄。这是一位志愿者，她有自己的职业，是与读大学的儿子交替着到学校来帮忙教书的。我向她致意，她说："我也是被谢校长感动来的——都是为了孩子嘛！"

前来陪同我的教育局领导说，学校所在的区经济欠发达，只能保障教师的基本工资。一块儿来的教师进修学校的领导说，谢校长本来在一所大校做业务副校长，在这里做小校长有些委屈她。谢校长笑着说："办学确实困难，有时候真的难为死了，也不想干了；但每次去北京，到玉泉小学看上一天，就觉得来了劲，还要做下去，为我们的孩子建设一所好学校！"

一块土地，无论是肥沃，还是贫瘠，我们在上面播种，都有可能收获饱满的种子，关键在于我们如何顺应天时，如何劳作，如何耕耘，如何管理。

学校也是一样，有的课程资源丰厚，有的课程资源稀缺。抱怨没有用，重要的是我们以什么样的态度办学、以什么样的心态教书。

自己的土地，自己要种好！

三

学校必须拥有丰富多彩的智力生活

教学是什么？一定不是老师拿着一本教材，照本宣科走流程。教学是通过师生之间知识的学习、技能的传授、方法的教授、情感的交融，发展学生的智力结构与智力水平，因为决定一个人将来成功与否、对社会贡献大小的，并不是其大脑储存了多少知识，而是其综合而完整的智力结构与智力发展水平。

教育家苏霍姆林斯基指出，要发展学生的智力，光靠课堂教学还不够，必须由丰富多彩的智力生活来保证。

为了建构丰富多彩的智力生活，苏霍姆林斯基在帕夫雷什中学设计了一种独特的作息制度。上午为课堂学习时间，下午为自由活动时间，早起至上学前为家庭作业时间。在下午的自由活动时间内，学校组建了多种多样的活动小组，苏霍姆林斯基称其为"智力生活的基地"。数百名学生分散在100多个这样的基地中。这些基地分为三大类：科学学科小组、劳动创造小组和艺术文化小组。这些小组开展丰富多彩的智力活动，尤以观察、读书、劳动三项内容为重。

在谈到劳动的价值时，苏霍姆林斯基说："几十年的学校工作使我确信，劳动在智力发展中起着特别重要的作用。"他还告诫学生说，很少有人生来就有牛顿那样的天赋，要用劳动和创造来培养自己的才能。

玉泉小学除了开设国家规定的课程，还增加了适性课程和主题课程，这些课程实际上就是我们学校独特的"智力生活的基地"。在这些课程中，我们特别加入了观察、劳动等要素。譬如，丰收采摘节——从田间到餐桌的课程，孩子们从田间采摘葡萄，回家后加工、酿制、分享的过程，实际上是一个劳动的过程，一个创造的过程，一个推动情感发展的过程。这样的劳动课程、创造课程，是照本宣科的课堂教学永远无法相比的智力教育活动。

适性课程和主题课程开设的目的是为全体学生提供丰富多彩的智力生活。只有如此，才能实现我们"德如玉，智如泉"的培养目标。

只在课堂教学中发展智力，对学生来说，是不完备的教育生活；对学校来说，是对学生不负责任的课程设计；对国家来说，不利于民族未来的发展——因为今天的学生，就是明天劳动和创造的主体，他们的创造力决定了我们的民族将来是否能够矗立于世界民族之林！

一所学校必须拥有丰富多彩的智力生活。从某种意义上说，玉泉小学的课程设计和实施，会给老师和家长带来额外的负担和劳苦。但是，为了学生的成长，为了民族的未来，为了祖国的明天，我们就应该沿着这样的办学路径不断前行！

三

孩子的事只能是孩子的事

曾经有个初一的男孩，经常挨同学的揍。因为他父亲是教育局的领导,班主任和学生管理部门的老师都很郁闷:"校长,您说该怎么办?"

我说:"他挨揍,一定有挨揍的原因——世界上没有无缘无故的'恨'。你们做一个调查,问问班上的孩子们为什么揍他。如果不是被欺负,我觉得问题就不大。"

调查的结果是,他老把鼻涕抹到同学的膀子上、头发上、桌子上、书包上,而他又瘦弱,招惹得许多同学都揍他。

我对他的父亲说:"您的孩子恐怕还要继续挨揍,因为让他改正这一不良行为习惯,光说没有用,只好让他在与同学的碰撞中实现!"

被同学揍过多次之后,这个男孩发现做出这些不文明行为是需要付出代价的,于是,逐渐改变了这一不良行为习惯。

我们学校一个二年级小女孩,老被另一个女孩"欺负"。一天放学后,她的姥姥截住了这个欺负人的孩子,吓唬了一通。到第二天放学时,被吓唬了的女孩的奶奶也出现了,两个老人在学校门口相遇,先是争吵,然后动手打了起来,幸亏班主任老师及时出来劝阻,才算"摆平"。

前几天这个姥姥打电话找我,向我诉说了这件事。我说:"孩子的事,通常最好由孩子们自己解决。你们掺和进来,不仅于事无补,反而让孩子不知道该怎么办了。如果我们不能告诉孩子正确的做法,教育就会失效。"

学校也是一个小社会,很多独生子女唯我独尊,毫不忍让,孩子们之间经常发生冲突或矛盾。而家长不愿意孩子吃一点点亏,甚至直接介入孩子之间的冲突或矛盾中来。今天,这样的非教育行为太多了,到头来只能害了孩子。

成长是孩子自己的事。孩子之间的冲突或矛盾,除非需要成人介入,否则最好由孩子自己去解决,这样才能真的解决。家长和老师等成人只能找到冲突或矛盾的根源所在,提供解决策略,创造情境,帮助孩子解决问题，而不能越俎代庖。这才是正确的教育法则。

三
保护孩子的秘密世界

七岁的小皓溜进教室。很显然，他拿着什么东西不想让别人看见。他悄悄地将手伸向自己的课桌洞里。"嗨，小皓，你在干什么？"老师问。"没什么。"小皓急忙回答，但他的脸有点儿红，而且很尴尬地把手里的东西往桌洞里塞。

我在二年级的一间教室里看到了这一幕。

如果我们用心观察，就会发现每个孩子都拥有自己的小秘密。有不想让老师和家长知道的秘密，有不想让同学分享的秘密，有藏身的秘密场所，有被人信任的秘密，有被人出卖的秘密，还有偷偷喜欢一个异性伙伴的秘密……

其实，每个人都有两个世界，一个是现实的世界，一个是自己的秘密世界。

每天入睡前或独自静静地散步时，我们往往会悄然进入自己的秘密世界冥思遐想。在这个秘密世界里，即使最亲近的人也不能闯入。

不要小看每个人的秘密世界，因为这样一个世界可以使我们保持一份情感、一份希望，可以使我们拥有一块守望心灵的圣地，让我们能够坚决、幸福地生活下去。

一个人的秘密世界是从童年开始的。

一个六岁的孩子，看见下雨了，跑到大树底下，看蚂蚁在雨中如何搬家，如何行走。他与蚂蚁悄悄地说话，甚至自问自答，他的头上满是雨水，他竟浑然不觉。其实，此时这个孩子已经进入自己的秘密世界，他在建构自己的情感与人格。

一个十二岁的孩子每天走在上学的路上，都要数一数遇到了多少棵大树。谁也不知道这样数来数去有什么意义，但是他就喜欢这样数来数去。这是他在建构自己的梦想。

一名初二女生喜欢邻座那个俏皮、足球踢得很潇洒但学习一般的男生。一天晚上，这名女生写了一篇日记，写了许多外人看不懂的东西。这是她在建构自己的秘密恋爱世界。

秘密是孩子们梦寐以求的宝藏，就像森林里的花朵，秘密地生长在童年的时空里。

我们做老师的、做家长的，一定不要随意或强行闯入孩子的秘密世界，不要随意或强行破坏孩子的秘密世界。

保护好一个人童年的秘密，可能就是保护他一生的幸福。

三

欺凌是校园文化的彰显

校园欺凌一直是官方、媒体和民间关注的一个话题。其实，杜威早已说过，学校即社会。孩子们来到学校并不仅仅是完成学业，更重要的是在群体生活、在相互交往中完成社会化改造的过程。

成人社会中的行为与现象，都可以在儿童群体中表现出来。今天我们非常关注校园欺凌现象，然而，这一现象并不是今天才出现的，自学校建立以来，它就出现了，其历史已经很久远。

因此，我们对校园欺凌现象没有必要大惊小怪。

有专家给我们支招儿，说如何如何克服校园欺凌问题。实际上，校园欺凌只是校园千千万万教育问题中的一个。简单地采用诸如"反欺凌"方案之类的就可以解决吗？给孩子们讲一讲道理就可以解决吗？召开一个"反欺凌"主题班会就可以解决吗？绝对不会这么简单，否则就不会几百年来在全世界范围内也没有很好地解决这一问题。

我曾收到一条微信，是我在山东做校长时的一位家长发来的。她讲述了自己的儿子小学二年级时因为穿一条秋裤而被同学欺凌的事。她说："寒假过后，我就把小悠转走了，只对他的班主任说了一句话：'你带的班配不上我的孩子！'

"转到新的学校后，小悠快乐幸福地成长着，我每一天都见证着他的生命自由绽放！新学校就是您创办的黄河双语学校。把小悠转到这里，是我今生做得最正确的一件事！高峰校长，这是八年前小悠在新学校的笑脸（附了图片）：还记得那个圣诞晚会的小主持人吗？还记得苏霍姆林斯基的女儿来学校参观时的小主持人吗？他今年高三了，经常说的一句话是：最幸福的时光是在黄河双语学校度过的！"

这位家长向我讲述了一件我并不知道的事情。我们从中看到了什么？看到了原来学校的不作为吗？看到了原来班主任老师的冷漠吗？看到了原来糟糕的同伴关系吗？看到了学校之间的不同吗？看到了校园欺凌吗？

那么，校园欺凌折射的究竟是什么？

我认为，所谓校园欺凌，本质上是师生关系、同伴关系、家校关系、亲子关系扭曲的反映。这些关系对学生的成长至关重要。我们要如何建立和谐融洽的各种关系呢？这需要营造和建构一种强大的、正向的，能够凝聚人心的校园文化。而这种校园文化的本质是民主、公平、自由。这也是"幸福教育"的重要价值观。这种校园文化需要落地，从制度设计到理念倡导，从教育教学到家校合育，我们要让校园文化在方方面面滋润每一位教师、每一个孩子、每一位家长的内心。

校园欺凌不是头痛医头、脚痛医脚就能解决的，要想解决它，需要建立民主、公平、自由的校园文化，并使其深入人心。

三
是什么让学生成了我们所希望的那样

我的一位朋友随一个代表团访问了牛津大学。他们提出了一个问题："究竟是什么让牛津大学培养出了那么多政治家、科学家、军事家、教育家等？"牛津大学教务主任回答说："说不清楚。反正通过不断努力，我们就培养出了我们所希望的那样的学生。"

教育就像农民种地，春天播下种子，而播下种子仅仅是第一步，在漫长的春天、夏天，还需要不断地松土、施肥、浇水、拔草、捉虫……经过大半年的劳作和付出，到了秋天，庄稼才能成熟，种子才能饱满，我们才能看到激动人心的丰收的景象。

一所学校何尝不是这样？招进了学生，只是种下了一粒粒种子，如果没有春播秋收的设计，没有精耕细作的过程，没有付出辛苦和汗水，我们怎么能够培养出我们所希望的那样的学生？

我们学校一位后调来的老师对我说："看到玉泉的孩子如此自信（她列举了很多事例），很遗憾我自己的孩子没有机会在玉泉小学读书。"

在我做过校长的学校，孩子们通常都非常自信。有一年，某所初中开学伊始，要求孩子自己报名、自己演说、自己竞选班长，结果那年初一12个班有10个班都是我们学校毕业的学生当选班长，因为他们非常自信，争着抢着要为全班同学服务。

孩子们的自信是从哪儿来的？是我们刻意培养的吗？是我们在课堂上教出来的吗？其实，这是一件很难说清楚、道明白的事情。

如果想把孩子培养成我们所希望的那个样子，就要像农民种地那样。

第一，在遥远的冬天就要有一个春播秋收的目标和计划，即我们希望培养出什么样的孩子，我们如何设计一种适合孩子成长的课程体系。

第二，做好耕种和管理庄稼的充分准备，如劳动力、肥料、农具、车辆等，即准备好实施课程的基本条件。

第三，踏踏实实地精耕细作，该松土时就松土，该浇水时就浇水，该施肥时就施肥，该修剪时就修剪，该除草时就除草……经历一个并不轻松的劳动过程。

第四，还要学会等待，不急不躁地等到秋天，耐心地等待那个成熟的季节。

于是，孩子们就成了我们所希望的那个样子。

三

学校的本质追求是培养合格的人

有关某中学"人间地狱"的争论一直在持续。杨东平教授说，假如他是某中学校长，就会逐渐缩小学校规模，使其回归为一所比较正常的学校。而某中学的一位家长说，倘若杨东平成了某中学的校长，那就要给他几个耳刮子，因为他如果到了某中学，别说校长，当个班主任，都得被家长轰出去……

这样的争论，实际上反映了今天社会"应然"与"实然"的问题。按照教育学原理，某中学应该按照教育规律办事，如缩小办学规模、不要在全省抢生源、不要全面管控学生……这是"应然"问题。而按照存在主义哲学，某中学一定有其存在价值，就像那位家长所说的："我们的孩子不这样苦读，就永远享受不了大城市居民那样的生存资源。换言之，我们的孩子不拼三年，成年后就要过苦日子……"这是"实然"问题。

在今天的中国，"应然"与"实然"冲突的问题很多。教育怎么能避免？

有一点需要我们警醒：国家拿出这么多钱举办这么多学校，究竟是为了什么？显然，是为了民族的未来，为了国家的持续发展和繁荣富强，为了中国梦的实现。因此，我们要追问：学校的本质追求究竟是什么？

其实，从亚里士多德一直到杜威，从孔子一直到陶行知，古今中外的哲人们对学校本质追求的解读已经很多；但问题是我们教育工作者常常忘记了学校的本质追求是什么。

今天做学校教育，特别需要教育者的教育自觉、理性思考和实际行动。不论学校进行什么样的教学改革，推出什么样的宣传口号，秉持什么样的教育理念，从学校里走出来的孩子是什么样子，才是判断学校追求最重要的标准。他们，首先必须是一个人，一个善良、正直、诚信、智慧、幸福的具有创造力和敢于担当的人。

快看看那棵树

我居住的小区刚建成的时候，我看到几位绿化工人在种树，其中一棵小树被扔在了一边。

我对负责绿化的头儿说："这棵小树也可以栽上啊。"这位头儿笑了：

"栽上也活不了，况且弯弯扭扭，不成材料。"我说："栽上吧，毕竟是一棵从太行山里刨出来的树苗。"我回到家，拿了一包香烟"贿赂"了负责绿化的头儿，于是他们就把这棵小树栽到了我家楼前。

春来冬去过了十个年头，桃树哇、李树哇、银杏啊、松树哇都长得郁郁葱葱，让我们小区春天有花，夏天有叶，秋天有果，冬天有绿，装点着我们美好的生活。今年春天，在楼前万紫千红的林子中，我突然发现一棵高过了其他树的大树。再仔细一看，原来就是当年那棵差点儿被绿化工人扔掉的弯弯扭扭的小树，它竟出乎意料地长成一棵大树了！

我十分惊奇，也十分感叹：不要漠视一棵小树的价值，有一天，它照样可以长成大树哇！

一位妈妈曾向我倾诉自己孩子的问题。这个一年级的小男孩心理发展缓于同龄孩子，比如，没有建立起很好的规则意识，常常不能控制自己的行为，整天沉迷于自己的秘密世界，与小虫子为伴，与花儿玩耍，给小石头讲故事。因为孩子这样的表现，势必影响班集体发展和教学成绩，班主任老师十分着急，经常找孩子妈妈反映问题。这位妈妈也十分着急，甚至为此抹眼泪。

其实，沉迷于自己的秘密世界，与小虫子为伴，与花儿玩耍，给小石头讲故事，这些在所有的孩子身上或多或少都有所表现，只不过有的孩子外显，有的孩子内敛，有的孩子社会化程度高，有的孩子顽劣一些。

其实，每棵树都是不一样的呀，有的粗大，有的瘦小，有的挺拔，有的弯曲，但只要给予它们土壤、空间、肥料、阳光和雨露，它们都会慢慢地长大。粗大的，可以做柜子；瘦小的，可以做橼子；挺拔的，可以做大梁；弯曲的，可以做饰品。一切树木，都有用处，即使是小树枝，还可以燃烧自己，为人们提供热量。

孩子又何尝不是一棵小树呢？不论粗大的、挺拔的还是瘦弱的、弯曲的，只要我们给予他们适宜的教育和环境，给予他们成长的空间，只要我们有足够的耐心等待，并静心守望，他们就一定能够长大！

　　我儿时的一个小伙伴，是村里有名的调皮捣蛋大王，天天上墙爬屋，偷鸡摸狗，不被乡人看好，有人预言这个孩子将来不会有出息，怕是要坐监牢。可现在呢？他已经成为国内某个领域的大人物。

三

教育的果实是挂在树上的

　　北京有一个学术机构，每年都组织语文、数学课堂教学展示大会，并且连续十几年都是在我们学校附近的礼堂举行的。每年来执教的教师都是知名的特级教师或名师，吸引着全国各地上千名教师前来观摩。

　　既然要展示课堂教学，自然就要借用学生。有一位知名的语文特级教师，八年前连续两年用过我们学校的学生上课。由于学生状态不好，课堂教学未能达到应有的效果，致使他对我们学校的学生形成了不好的印象。后来，就坚持不再用我们学校的学生。

　　几年后，这位特级教师又来上课了。这次，关于上课的学生他没有向会议组织者提出要求，于是用的还是我们学校的学生。课堂上师生互动十分顺畅，孩子们的语文基础知识掌握得十分扎实，思维十分活跃，教学效果自然非常好。这位特级教师十分满意，不断地说："孩子们太棒了！"

　　在互动环节，台下有教师发问："从这节课，可以看出这所学校的学生知识扎实、反应敏锐、思维活跃。这不是一般学校的学生能够达到的。请问：这所学校的课程改革说明了什么？"这位特级教师说："这所学校的语文教学改革一定指向了'课程标准'！"他一语道破了我们学校语文教学改革的实质。

事后,会议组织者向我讲起了当时发生的这一幕,他说:"这位特级教师让我代他向您道谢:士别三日,当刮目相待。与六年前相比,玉泉小学的孩子悄无声息地发生了天翻地覆的变化!"

是啊,六年课改之路,六年辛勤耕耘,六年汗水浇灌,六年悄无声息,就像在春天栽下一片果树,浇水,施肥,剪枝,捉虫,最后,果实挂满了枝头。学校六年一路走来,孩子们呈现出了不一样的风采!

其实,我们就像在种果园,不要说我们种的果树有多么高大,也不要说我们果园里的花朵开得多么鲜艳。其实,我们真正在乎的应该是秋天每一棵果树上是否挂满果实,每一颗果实是否饱满!

教育的果实是挂在树上的,是一个个生命自然的展现。

Ⅱ 教育的病理

掰芽教育

教育史上,有这样两种教育主张:一种以柏拉图为代表,他主张为国家培养"哲学王",强调教育的社会性;另一种以卢梭为代表,他主张尊重儿童的天性,强调教育的自然性。

20 世纪的杜威提出了"儿童中心"的教育思想,主张"学校即社会""教育即生活",既强调教育的社会性,也强调教育的自然性,试图让教育回归儿童生活。

关于教育,可以打一个比方。春天来了,小树开始发芽。按照柏拉图的观点,我们一开始就要保证小芽按照我们的意志直直地向上生长。但遗憾的是,小芽一长出来就歪了。按照卢梭的观点,我们要尊重小芽歪着长的天性,它长成什么样子就是什么样子,因为这是它的权利,我们没有理由剥夺它的权利。而按照杜威的观点,我们既要尊重小芽歪着长的天性,也要积极创造条件,加强引导,提供支持,帮助小芽慢慢地生长,直到长成我们所希望的那个直直的样子。

我们的教育属于哪一种?通过观察我们的学校、我们的家庭、我们的社会所秉持的儿童立场,以及人们对待儿童的态度,我将我们的教育称为中国式的掰芽教育。我们既没有柏拉图《理想国》中的那种教育理想与追求,也没有卢梭《爱弥儿》里的那种宽容与饶恕,更没有杜威《民主主义与教育》中的那种期望与等待。我们看到小芽长歪的时候,就使劲掰,近乎将它掰掉了,因为我们实在等不及让它慢慢地长大。

一个孩子学业成绩不良,可能是智力出了问题,而好多家长就是不愿承认,一味地给孩子补课,对孩子严加管教,甚至责骂,非要他考出好成绩来。一个孩子行为习惯不好,可能是不良的家庭环境造成的,而家长不仅不去反思自己、改变自己，反而经常打骂孩子。一个孩子动手能力很强，将来特别适合接受职业教育，去学一技之长，而家长认为考大学最重要，非要逼着孩子考大学。一个孩子不喜欢弹钢琴，而家长非要逼着，甚至恐吓孩子学。一个孩子犯了错误，老师或家长跟孩子过不去，或者他们根本不允许孩子犯错误。一个孩子受到别人欺负，家长不是让孩子自个儿去解决问题，而是自己出面解决，甚至与对方家长大打出手……

这一切行为都属于掰芽教育。

我们盼望着春天的到来，我们期待着嫩芽的萌生，我们希望每一个小芽最终都长成挺拔的大树……然而，不论那个小芽是长直了还是长歪了，都需要我们耐心等待、小心呵护。

三

中国教育的逻辑

自改革开放以来，中国进入快速发展的时期，社会结构正在发生急剧变化，国家正处于社会转型期，众多棘手的社会问题随之而来。

今天的社会问题，说到底是人的问题。譬如，人的理想、信念、道德、爱心、诚信、合作、交往等出了问题，这些问题又常常被认为是因为教育出了问题。几十年来教育不断承受着社会各界的指责，于是，教育改革不断被社会问题牵着鼻子走，由此形成了中国教育的逻辑。

因为社会出了问题，我们就要从娃娃的教育抓起；因为娃娃的教育出了问题，我们就要从学校课程与教学改革抓起；因为课程与教学出了问题，我们就要从学科改革抓起。按照这样的逻辑，社会问题最终成了学科的问题。于是，我们让语文、数学、科学、体育等学科承担起解决社会问题的责任。结果，规范来规范去，改革来改革去，创新来创新去，这些学科的本质属性弱化了，老师不知道究竟应该教什么、怎么教、教到什么程度了。

其实，今天的社会问题，绝不仅仅是因为教育出了问题，还有更深层次的原因。如果要求教育承担起改造社会、消除社会问题的责任，那么教育必然会被迫发生异化。

三

解放儿童尚未成为历史

陈丹青先生做过一场演讲，主题是"民国是历史还是现实"。什么是历史？他认为，过去了，已经不在场了，或者不奏效了，就叫历史，否则就是现实。

由此我想到了民国时期陶行知先生提出的关于解放儿童的六大主张。

一、解放儿童的头脑，使他们能想。迷信、成见、命定、法西斯细菌等层层束缚儿童创造的裹头布必须撕下来。

二、解放儿童的双手，使他们能干。双手要接受头脑的命令。

三、解放儿童的眼睛，使他们能看，不戴上封建的有色眼镜，使眼睛能看事实。

四、解放儿童的嘴，使他们能谈。特别要有问的自由，才能充分发挥他们的创造力。

五、解放儿童的空间，不要把儿童关在笼中，使他们能到大自然大社会里去扩大认识的眼界，取得丰富的学问。

六、解放儿童的时间，不把他们的功课表填满，不逼迫他们赶考，不和家长联合起来在功课上夹攻。

中国现代经过了百年的变迁，陶行知先生提出和实践的"六大解放"尚未实现。按照陈丹青先生的历史观，解放儿童还没有成为历史。

从社会到家庭，到校园，到教室，凡是有儿童的地方，我们就想尽一切办法束缚他们：禁锢他们的头脑，禁锢他们的双手，禁锢他们的眼睛，禁锢他们的嘴巴，剥夺他们自由的空间和时间……

我倡导大家做一个实验：早上起来，问一下孩子："如果你今天有两个选择，一是到学校参加语文、数学考试，一是背着沉甸甸的书包到公园徒步五公里，你会选择哪一个？"我的实验结果是，绝大多数孩子选择背着沉甸甸的书包到公园徒步五公里。

解放我们的孩子，社会、家庭和学校仍然任重而道远。

学校应拒绝造假

《北京教育》杂志登载了一组玉泉小学学生活动的照片，一位教育专家看到后给我打电话："我最喜欢这一期《北京教育》的封面，就是几个孩子在读书，清淡、大器、文雅、纯真，不做作，不虚假。最近连续读了几本不同的教育期刊，我发现封面上都是校长的特写，而且都是学生围绕着校长，就像绿叶衬着红花——一看就是虚假、作秀的相片。我不理解，现在的校长怎么也学会了弄虚作假！"

诚然，为了达到宣传效果，摄影师要为校长拍摄一组照片，让孩子们做陪衬、当背景，是可以理解的，就像某些政府官员"秀"坐公交车、"秀"捡垃圾、"秀"扫大街一样。然而，如果考虑到学校的育人功能，校长的这种"造假"行为就值得警惕。

据说，某个地方的教育行政部门要对所属各校抽样检测教学质量，好多学校的应对做法是，在全年级选拔成绩好的孩子新组成一个班，就让这个班参加抽测。而一所办学水平很高的学校没有这样做，结果在全县抽测中倒数第一，受到点名批评。这所学校的校长非常郁闷，给我打电话倾诉。我说："批评就批评吧。坚持老老实实办学，不去追风造假，这是对孩子们的一生负责，这是对我们的教育良知负责！"

当前许多城市都在创建文明城市。创建文明城市本意是好的，但是大量烦琐、复杂的测评指标分到学校，学校必须造假才能完成任务。对此，我们应该持什么态度？是让老师和孩子们一块儿造假？我认为决不应该将老师和孩子们牵扯进来。

我想，这是办学的一种底线和操守。

童年处于人生这棵大树最核心的年轮里。如果我们自觉不自觉地教孩子弄虚作假，我们就会毁掉孩子的人生这棵大树。

状元之"状"

某知名中学组织学生在操场上举行"拜状元"活动，即把本校上一届高考状元的头像高高挂起，让即将参加本届高考的学生进行膜拜。

别说，这一招儿还真灵验，据说该校今年又出了高考状元。

一则"恩施状元游街"的微博引来众多网友围观。四名身穿校服的小伙子合力扛起一块大幅"喜报",一名胸戴大红花的男生钻出天窗站立在一辆黑色轿车中,紧随其后的是数十人组成的腰鼓队,行人纷纷驻足围观。来凤县高级中学校长向记者证实,该校学生杨某以 668 分的高考成绩成为恩施州理科状元。

据中国校友会网发布的《中国高考状元调查报告》称,自 1977 年恢复高考以来,我国高考状元选择就读的几乎都是国内名牌大学和热门专业,接受的是中国一流的高等教育。在社会公众心里,高考状元毕业后应该能成就一番大事业,成为"职场状元"。然而,中国校友会网大学评价课题组首席专家、中南大学蔡言厚教授指出,调查发现,大部分高考状元职业发展的实际情况与社会期望相差甚远,他们当中大多数没能成为各行业的"顶尖人才",在目前我国主流行业的"职场状元群体"中难觅高考状元的身影。

状元之"状","状"在何处?

三

无法听到一节"完整"的课

一次,我随一个访问团访问美国,其间,我们要求听一节"完整"的课,想看看美国同行是怎样教学的。

我们的一节课是这样的:上课铃声响起,开始上课,教师用各种方法导入新课;新授知识,讲解重点、难点、疑点,学生听课,其间师生互动——学生回答教师提出的问题,也可能分组讨论,得出结论,展示学习成果,体现教师的主导作用、学生的主体地位;最后教师总结,布置作业。随着铃声响起,一节课圆满结束。

我们的课有"知识与能力，过程与方法，情感、态度与价值观"的三维目标，有导入新课的有效形式，有奇思妙想的板书，有环环相扣、步步为营的教学流程，有体现教师主导、学生主体的教学方式，有教学效果的呈现和总结，还有与下一节课相衔接的安排……我们是一堂结构严谨、流程顺畅、扎实有效、无懈可击的课。

因此，我们想看看美国的课是怎样的，于是向美方提出听一节"完整"的课的要求。

上午我们先听了一段一年级阅读教学、一段二年级写作教学，但没有听到我们希望听到的一节完整的课。在与校长座谈时，我们再次提出：能否让我们听一节"完整"的课，就是我们那样走流程的课？

于是，校方下午重新安排了四节并开、长度为40分钟的课。我听了四年级的科学课。老师先用实物投影仪呈现了一滴水在软、硬物体上的不同张力，让孩子们发现问题；然后给孩子们一人发一组实验仪器，两次动手实验，去验证问题；其间老师巡视、指导；然后要求孩子们把自己的实验步骤与结果先画再写在笔记本上，老师对部分笔记本进行了展示。当我们还要看这堂课如何继续进行时，老师却一屁股坐到了教室一角的摇椅上，完成作业的孩子陆续来到她的面前，她分别从箱子里抽出一本书来给他们。孩子们有坐的，有躺的，有跪的，但每个孩子都捧起了同一本书，老师则接着上一次结束的地方开始朗读，孩子们则看书。嘿，我们到底没有看到一节我们所认为的那样的"完整"的课！

校长说："我们把一天交给一位老师，阅读、写作、数学、科学、社会，每一学科的学习时间由老师根据学生和教学情况决定。所以，你们只能看到某学科的某一部分教学情况。我们没有从头到尾正好40分钟的课。"

原来，美国的老师根本就不像我们这样上课。比如，在阅读课上，老师将学生分为四个小组：一组读书，一组讨论，一组画图，一组接受老师的辅导。老师根据学生的阅读水平进行分组，并为每个小组提供不同的学习任务，然后对不同的小组轮流进行辅导和检查。学生的阅读是自由的，他们躺着，趴着，倚着，坐着，蹲着，怎么样都行。

美国的课堂是以儿童为中心，根据学生的实际情况来安排学习的。而我们是以教师的教为中心的。譬如，我们也分组合作，但这是在教师的统一指挥下，学习内容统一、学习进度统一的"拉郎配"式的合作。

究竟该不该过洋节

随着圣诞节的临近，微信上出现了大量抵制过洋节的舆论。

我家附近有一家饭店，原来每年圣诞节都要组织狂欢活动，今年说不再组织了，上面要求取消庆祝圣诞节及相关商业活动。我不清楚"上面"是指什么，我想说的是，我们应该秉持什么样的态度去对待这些洋节。

圣诞节一类的洋节，本来与我们是没有关系的。实际上，在中国过洋节只是一种社会追风现象而已，就像这家饭店的圣诞节狂欢活动，本质上是为了营销，是一种企业经营行为。既然如此，又何必一味地拒绝，一味地排斥，一味地打压？这又会给我们带来什么？

首先，我们应该区分洋节背后的宗教文化与社会现象的不同。商家借用圣诞节等洋节搞活动，其目的并不是弘扬基督文化、宗教精神，纯粹是出于商业目的，是一种营销手段。有的学校借用圣诞节做一些课程，也是为了让学生学习英语，而不是为西方的政治与文化服务。所以，我们必须明确，利用洋节传教、布道绝对是禁止的，举办单位要承担相应的法律责任；如果只是借用洋节做营销，则不必大惊小怪。

其次，面对洋节的"来势汹汹"，我们应该改造中国的传统节日。为什么年轻人、儿童更愿意过洋节？因为洋节里蕴含更好玩、更刺激的元素，如圣诞节有自己的代表人物、有自己的代表器具、有自己的代表故事、有自己的代表歌曲、有自己的代表仪式等。一个节日只有蕴含丰富的文化和故事，并且指向儿童，儿童才会感兴趣，才愿意参加。中国传统节日虽然也蕴含文化元素，但往往指向社会和成人，如春节、清明节、中秋节等，都是成人在忙碌，没有儿童的事，也没有代表人物、特定器具、特有仪式、特定歌曲、特定故事（中秋节虽有，但是成人的爱情故事）等，对儿童没有强烈的吸引力，所以儿童对这些节日是没有感觉的，也就没有过节的冲动。我认为应该挖掘中国传统节日的内涵，设计独具风格的代表人物、特定器具、特有仪式、特定歌曲、特定故事等，并一直坚持下去，以形成中国传统节日的吸引力。

最后，应该通过过洋节给孩子们接种"牛痘"。现在是互联网时代，是国际化社会，硬性排斥一种社会现象其实很难，而且得不偿失。不如坦然面对，使其成为教育的一部分，提前为孩子们接种上"牛痘"。让孩子们从小就对洋节有一些基本的认知，知道其背后的文化，学会国际理解，未必不是好事。实际上，近些年农村特别是落后地区的农村信奉基督教的要比大中城市中信奉基督教的多得多，为什么？越是对宗教文化认知全面的人，越会做出理性判断和选择。

孙子说："知彼知己，百战不殆。"我们不仅要知道自己，也要知道别人，这样才能实现民族的伟大复兴。

三、教室不是贴标签的地方

有一年秋季，刚刚开学两周，就有一个一年级孩子的家长通过上级领导找我，要求转班。问其原因，原来是家长得知班主任老师多次在班上对全体学生说，这个孩子是一个"问题学生"。

的确，这个孩子比较调皮，不大守规矩，小动作很多，坐不住，随便说话、插嘴，有时候还跟老师叫板。在我们看来，他实在是一个"问题学生"。

更要命的是，这个"标签"不是班主任老师与家长交流后达成的共识，而是通过其他家长传到了这位家长耳朵里，于是，这位家长就不干了："我们要转班，不转班就转学！"

家长的要求合理吗？合理，因为如果我们随意给一个六岁的孩子贴上"问题学生"的标签，他这一生可能就会被毁掉。然而，如果满足家长的要求，给孩子转班，就意味着：第一，班主任老师无法保持职业尊严；第二，会进一步强化这个标签对孩子的意义，导致他在小朋友们面前失去自信。

于是我做了大量工作，让班主任老师和家长达成共识，把这个孩子留在了原来的班级。

作为教育工作者，我们必须明确这一点：教室，绝不是一个可以随便给任何孩子贴任何标签的地方！

作家毕淑敏去美国访问时，住在一个美国朋友的家里。看到朋友的女儿长得十分漂亮、可爱，就忍不住当面夸奖了几句。朋友把毕淑敏叫到另外一个房间，非常严肃地说："不允许你夸奖我的孩子，因为贴上这样的标签，会让孩子感觉自己了不起，也就可能会毁了她的一生！"

其实，大人（教师、家长）随便夸奖或指责孩子，都是给孩子贴标签。在中国随便夸奖孩子大家习以为常，而美国家长则不愿意别人随便夸奖孩子。因此，我们为孩子贴上"问题学生"的标签，家长有想法、有意见，也就可以理解了。

英国哲学家洛克有一个"白板说"，他认为，人出生时心灵就像白板一样，只有通过经验的途径，心灵中才会有观念。按照这一理论，任何孩子都是一张白板，我们在上面画上什么，他就会成为你画的那个样子。自然，如果我们随便给他贴上一个"问题学生"的标签，他就真的会成为一个"问题学生"。

一天我到市场上去买地瓜，挑来拣去要选几个顺溜一些的。卖地瓜的人笑着说："您有什么好挑的？又没有秕子！"是啊，一大堆地瓜只有大小之分，肯定没有秕子。那么，我们为什么还要挑拣？我发现了一个规律：所有卖东西的人，从来不说自己的东西不好；而所有买东西的人，往往都是挑肥拣瘦。

我们做老师的，究竟要像卖东西的人，还是要像买东西的人？我想，每一位老师只有像卖东西的人，才能建立起正确的学生观。

警惕传统文化里的陷阱

一段时间以来，关于中国传统文化回归的呼声日趋高涨，据说，许多地方政府已要求传统文化"三进"——进教材、进课堂、进头脑。某些地方的学校已经把《二十四孝》作为校本读本发给孩子们，让他们在课堂上学习；也有的学校花重金在校园里塑了二十四孝雕像，让全校孩子学、做"二十四孝"。

传承优秀的中国传统文化,是应该的;但是,如果不加选择,照搬照抄,弄不好就会使其成为扼杀民族未来的板斧。

传承传统文化,选择什么很重要。譬如,中庸之道,这种思想会让我们的孩子不敢冒尖,不敢突破,不敢创新。中国不是一个善于创新的国家,对此,中庸之道是脱不了干系的。譬如,"贬器"思想,儒家说"君子不器"。试想,如果没有爱迪生,哪来电灯?如果没有贝尔,哪来电话?今天能够改变我们生活方式的发明,哪有中国的?对此,"贬器"思想是脱不了干系的。譬如,抑商思想,中国一直有压制和打击商业的传统。试想,如果不鼓励孩子做金融家、企业家、创造家,那么谁来创造社会财富?对此,传统的抑商思想是脱不了干系的。《二十四孝》传递的愚忠、愚孝思想——为了孝顺父母,躺到冰上用体温融化冰块而抓鱼——应该坚决摒弃……

我们必须警惕传统文化里的陷阱。如果不做理性思考、适性选择,就有毁掉中华民族未来的危险!

我们是为了工作,还是为了学生

早上 6:30 出家门,碰到邻居家两口子急匆匆地带着四岁的女儿上电梯。我问:"这么早就送幼儿园哪?"妈妈说:"这不是幼儿园要开新年联欢会吗?老师要求 7:00 前把孩子送到……"

看到小女孩睡眼惺忪、一脸难受的样子,我想到了一个问题:幼儿园开新年联欢会,究竟是为了孩子的成长,还是为了完成一项工作?

召开新年联欢会，可能是幼儿园的一项早已安排好的工作，本属正常；但是，如果以剥夺孩子的睡眠、损害孩子的健康为代价，那么，这样的新年联欢会开了又有何用？

其实，在目前的中小学，同样的问题比比皆是。我们工作是为了做一个项目，为了完成一个任务，为了出一点儿成绩，为了应付上级检查或者填报数据。我们总是为了工作而工作，为了做项目而做项目，为了完成任务而完成任务，根本不会顾及和考虑学生的实际情况，常常违反教育规律，破坏校园秩序。

其实，学校组织的教育教学活动，都应是帮助学生成长的手段，而不是我们追求的目标。我们的目标是通过这些活动来发展学生，推动每一个学生成长。当我们把学校追求的目标和手段颠倒的时候，我们就会为了工作而工作，为了完成任务而完成任务，为了总结而总结，为了应付而应付……眼里唯独没有了学生。

好多学校管理者和教师不明白：我的岗位职责、给我安排的活儿，不就是一项一项工作吗？我完成了不就行了吗？是的，我们就是沿着一条主线、一个方向，向着一个目标，干工作、做项目、完成任务，一步一步达成我们的教育目标，那就是培养合格的人。然而，如果我们的工作偏离了培养目标，对学生的发展没有益处、没有助力，甚至起到了反作用，那么，我们为什么还要费力去做这些工作？

我们在开展一项工作之前，一定要先问一问自己：这项工作对学生的成长有益吗？会不会伤害学生的身体和心灵？最终会带来什么效益？是否符合教育规律？是否符合学生的身心特点？

我想，我们的教育工作只有为了学生的成长，才有意义和价值。

不是某中学错了

全国著名的某中学到浙江省举办分校一事引发了社会各界的激烈争论。那么，某中学真的错了吗？回答远没有我们想象的那么简单。

以下是中国大学和美国哈佛大学的一些自主招生面试题，我们来简单分析一下。

中国大学的部分自主招生面试题如下：

（1）多肉植物为什么长得呆萌？
（2）如何看待"A4腰代表身材好"这个观点？
（3）《变形金刚2》里面有一个新式武器，这是用什么力量发射的？
（4）你喜欢看哪一本武侠小说？
（5）"二十四史"的第一史和最后一史分别是什么？

哈佛大学的一位招生官来北京面试，对一位考生（工科大类专业）共问了六个问题：

（1）我了解你很喜欢古典音乐，你是怎么喜欢的？
（2）你有没有试图用你的爱好去影响你周边的人？
（3）你用什么办法去组织爱好者开展活动？
（4）你怎么利用这些活动去扩大影响？
（5）你在组织活动过程中发挥了什么作用？有什么体会？
（6）你进大学后，还想在学校继续组织这些活动吗？

既然是自主招生面试，就一定要考查"这个"学生与"那个"学生的不同之处,也要考查"这个"学生与"那个"学生自身的素质和他们进入大学后的追求是否相符。

中国大学的五个面试题,从生物学到文史学,都是对一些浅表层面知识的考查,不是针对"这个"学生与"那个"学生的,并没有深入学生的素质层面。

而哈佛大学的六个问题,则是针对"这个"学生而不是"那个"学生的,招生官是在了解"这个"学生的基础上发问的——"我了解你很喜欢古典音乐",并且问题步步深入,考查的不是专业本身,而是"这个"学生的爱好和组织、合作、协调、创造等综合能力,以及将来进入大学后的专业走向。

显然,中国大学的面试题极易导向应试教育,而哈佛大学的面试题则导向素质教育。

有什么样的教育评价,就会有什么样的教育教学。显然,大学招生考试会影响中学教学,而中学招生考试又会影响小学教学。当我们批判中小学应试教育的时候,实际上冤屈了中小学校长和教师,因为应试教育的根源在高考。

不仅大学自主招生面试题,高考笔试更是应试教育的风向标、导火索。所以,当我们批评某中学时,不要忘了,不是某中学错了,而是高考招生制度出了问题。

前几年部分地区开始高考改革,试图改变应试教育的局面,但遗憾的是,那些改革总体还是改头换面的应试教育模式。

2017年部分省市新高一进入新一轮高考改革试点。我认为,如果不从结构上、体制上打破传统的升学模式,就不可能改变中小学教育教学方式,也就不可能解放我们的孩子。

春天来了,盼望着,盼望着,先改变高考招生方式,再去改变中小学教育教学方式,从而根除应试教育的顽疾。

三 奢华校园不等于优质教育

我参访过一所位于台湾中部的知名中学——嘉义高级中学。

嘉义高级中学成立于1924年,至今办学已逾90年,办学质量一直很高,培养了不少杰出人才。然而学校办学条件一般,校舍陈旧,设施落后,设备应该淘汰了。

在校方的引领下,我们走进一间美术教室。里面的教学设备几乎都是老古董。但两位美术老师的示范教学让我们感到学生在课堂上学到了知识,发展了创造性思维,创造了美。他们的400米跑道全部是红泥土地,网球场等运动场地上是天然生长的野草。

嘉义高级中学除了招收普通班,还创办了数理、语文、科学、美术、音乐资优班,专门培养有天赋的学生。嘉义高级中学的杰出校友中,有许多著名画家,都是出身于美术资优班,他们就是在那样一间陈旧的教室里培养出来的。

真的,大陆的许多高中校园与嘉义高级中学相比,未免太奢华了。

我曾参观过一所具有百年历史的知名高中,地下一层全部是一流的实验室,里面先进的设施设备一应俱全,上课的都是特聘教授、特级教师。

当然,先进的教育设备和优良的办学环境对学生的发展意义重大。然而,教育质量与办学品质和教育设备与办学环境其实并不完全成正相关。如果我们把更多教育经费用来招聘和培养优秀教师,用来进行课程研发并使其落地,而不是将其单纯投到教育设备和办学环境上,就会让学生更受益,就会办出更加优质的教育。

拷问今天学校的功能

一位家长找到我,要求学校如何如何,提出了一大堆不切实际的想法;接着,上级部门找到学校,要求学校向家长解释为什么教室里有味儿(因为教室里刚换了一套多媒体系统,有点儿味儿,就有家长告状)……我们的学校究竟如何办?学校是为谁办的?办学的目的是什么?

今天,我们强调"以人为本",提出"办人民满意的教育",这些口号无可厚非。问题是:"人民"究竟指谁?就是指家长吗?如果是,那么,我们要办家长满意的教育吗?这似乎也无可厚非。问题是:我们能够让家长满意吗?譬如,家长要求孩子每次考试都得100分。譬如,家长都要求孩子能考上清华、北大。显然,学校不能满足家长的这些要求。那么,"人民"就会不满意。因此,要求学校"办人民满意的教育",学校的功能就必将发生异化!

在现代教育诞生之前,全世界都是"私有教育",东方是私塾,西方是延请家庭教师,人们让孩子读书,大都是为了升官发财、出人头地、光宗耀祖、名垂青史,与国家无涉。17世纪,教育家夸美纽斯出版了《大教学论》,对班级授课制从理论上加以总结和论证,形成了班级授课制的系统化理论。现代学校自诞生之日起,就已是国家行为。所以,"办人民满意的教育"中的"人民",首先是一个集合概念,代表一种国家意志——为国家培养合格的公民。

其实,道理一讲就明白,但是我们往往把"人民"当成了具体的"家长",只要家长一议论、一上访、一提要求,政府部门就要求学校如何如何。如此,学校就无法按照教育规律办学了。

学校是为谁办的?办学的目的是什么?学校是为国家办的,是为了把孩子们培养成合格公民，让民族生生不息，屹立于世界民族之林而办的。

我们恢复高考制度四十年了。随着社会的高速发展，教育也狂奔了四十年，到了该停下来好好思考学校功能的时候了！

三
我们的教学是不讲理的

每学期开始前（当然，好多时候是在开学后），学校发给每位老师一本教材，老师就开始了课堂教学——照本宣科，一天一天走流程，一直走到期末考试，然后放假。

年年如此，送走了一届又一届学生。

老师们是否想过：我们为何而教？

当我们忘记为何而教的时候，我们的课堂教学就是不讲理的。

赫尔巴特说："无聊，是教学最大的罪恶。"他认为，无聊的课堂，是对学生最大的伤害，是在浪费学生的生命。而今天，许许多多的老师和许许多多的课堂，仍然在做无聊的事。

在《普通教育学》中，赫尔巴特提出了教育性教学思想。即任何教学，只是一个载体、一个媒介，老师是通过教学这个载体或媒介去培养人的。但遗憾的是，今天这一思想中那个重要的"性"字被去掉了，只剩下"教育教学"这样一个概念。且对应"教育教学"，学校普遍设立了两个部门，一个主管教育（德育处、政教处、学生处等），一个主管教学（教学处、教务处、教导处等），教育和教学在学校管理与运行中"分家"了。于是，课堂教学中没有了教育，只剩下照本宣科地教授知识——把教学这个载体或媒介本身当成了目的,而教学的真正目的在课堂上不见了。

其实,教学是一个结构化的体系和逻辑化的过程,是一个按照教学逻辑培养人的过程,而课堂教学只是这个过程中的某一个阶段。

何谓讲理的教学?首先,应该从教学目标,即我们要培养什么样的人出发。这是教学的出发点和落脚点。然后,通过落实国家课程标准而达成目标,这就需要把每个学科的课程标准层层分解、落实到教材里去。最后,将教材内部结构化,通过教材这一载体或媒介,将教学目标落实到每一个学生身上。目标是否得到落实,不能仅凭考试分数这一个维度做出判断,要对学生进行全面诊断和评价。

我曾多次询问过不同学校的老师:"我们为何而教?"小学老师会说:"为了期末考试成绩呗。"中学老师会说:"为了中考(或高考)成绩呗。"大学老师会说:"为了学生能毕业,找到好工作呗。"

我想,当我们不知道为何而教时,我们的教学就是不讲理的。

三

家长的"变"与"不变"

当人们把孩子送到学校时,这些原本与学校没有关系的人就变成了学校的学生家长。

家长指的是学生的父母或其他亲属,在法律上叫"学生监护人"。孩子在学校上学,其父母或其他亲属就是家长;孩子转学或毕业后,其父母或其他亲属与学校就没有关系了,就不叫家长了。

"家长"的概念,多少年来其内涵和外延并没有发生什么变化。家长都是因为孩子上学而与老师、学校联系起来构成一个教育共同体，一起努力把孩子培养好。家长有家长的职责，就是配合学校，配合老师，管教孩子，辅导孩子，帮助孩子，为孩子做出榜样，给孩子提供生活保障和成长环境，陪同孩子成长。

虽然家长的内涵、外延和职责没有什么变化，但随着时代的变迁、社会的转型，家长的价值观、子女教育观又处在不断的变化中。

20世纪的家长，十分相信老师和学校。孩子犯了错误，出了问题，被老师批评，甚至体罚了，家长知道了，不仅不会去找老师争论，往往还会再批评或再打孩子一顿。家长见到老师常说的一句话是："老师，孩子不听话就给我打！""子不教，父之过"，那时候家长都懂这个道理，所以没有那么多家校矛盾，更没有"校闹"一说。

但是，今天的家长群体与过去的家长群体已经不可同日而语了。今天上小学的孩子的父母，绝大多数是20世纪80年代出生的那代独生子女。这代人正逢改革开放，是在市场经济风起云涌、社会风气日趋复杂、道德标准多元、学校教育追分应试、亲人过度溺爱的环境中成长起来的。

中国自独生子女一代有孩子上学后，家长群体就明显发生了变化。独生子女一代的家长，有些人自身就是"小皇帝""小公主"，吃不了亏，受不了挫折，所以也不希望自己的孩子吃亏。譬如，别的孩子欺负了自己的孩子，老师批评或惩罚了自己的孩子，评优、竞赛时没有自己的孩子等，他们不去思考自己和孩子有没有问题，而往往将矛头直接指向他人。如果达不到自己的目的，有些人往往就会通过告状、上访、拉横幅、演讲、在自媒体上发泄等过激行为表达诉求，甚至引发社会公共事件。

我们必须看到，在市场化、民主化、自由化、信息化、多元化的发展浪潮中，家长的内涵、外延和职责没有变，但家长的心态、价值判断、个人主张、标准、诉求、行事方式、交往方式、教育观、儿童观等都发生了巨大变化。

面对家长的"变"与"不变",老师必须转变观念,打破传统的家长观,适应时代的发展和变化,站在教育道德的高地,不断提高自己的领导力,运用自己的教育智慧,应该怎么做就怎么做,不惹"事",但也不怕"事"。当然,关键是要做的"事"必须符合教育规律,必须符合儿童发展规律,必须符合国家的法律法规,必须符合学校的制度。

三
也谈校园危机事件

某所小学因为一个孩子遭遇了校园欺凌(个人认为实际上就是小孩子之间的一个恶作剧),家长发帖,媒体跟进,官方关注,引发了一起校园危机事件。硝烟退去后,可以说是几败俱伤,谁也没有占到什么便宜。最后受到伤害、承担后果的,实际上还是全体孩子。

第一个受到伤害的是当事孩子。这个孩子在懵懂之时就遭遇了全国人民的"关照"而成为"名角"。这很有可能会让同学和老师对他"望而却步",使他被边缘化。长此以往,孩子很可能会出现心理障碍。将来等他长大了,懂事了,上网一查,发现当年那些帖子,这恐怕会对他继续造成伤害。

第二个受到伤害的是实施恶作剧的几个孩子。他们小小年纪就引发了如此巨大的社会影响,成为"小明星"。不仅要承受成人的"鞭挞",还要承受小伙伴的耻笑,老师也会对他"另眼相看",他们今后的境遇可想而知。

第三个受到伤害的是学校的其他孩子。学校一夜之间"名扬四海",不是因为学生学业优异,而是因为"校园欺凌"事件,他们一定会感觉学校和老师出了问题。他们还会一如既往地喜欢学校吗?还会相信老师吗?还能够保持阳光的心态吗?

此事刚开始,学校就发表声明,要坚守教育规律,呼吁以教育的方式处理教育问题。但是社会不答应,官方也不答应,媒体继续火上浇油。于是学校第二次发表声明,不再坚守教育规律,对事件进行软化处理。在强大的舆论面前,学校的形象彻底崩溃了。

本来这只是校园里的一个教育问题,一个个案问题,却引发了全国性的争论。究其原因,固然有学校处理不当的问题,但更重要的是家长的问题——学生的问题背后其实是家长的问题、社会的问题。

当前,"校闹"事件层出不穷,校园装修、操场重建、设施装备更换、学生受到伤害、师生冲突、伙伴冲突、家校冲突、学业成绩、课业负担、评优竞赛、学生评价、学生奖励、学生惩戒以及学生在游泳、对抗竞赛时出现伤亡事故等,都有可能引发家长个人或群体的"校闹"。而每次"校闹"发生,学校都会付出沉重的代价。

三

怎样断送孩子的未来

下面是一个真实的故事,我希望以血的教训警示那些以各种名义、各种方式护犊子的爸爸妈妈以及爷爷奶奶、姥姥姥爷。

前段时间回到家乡,我偶遇了一个家乡知名的护犊子的妈妈。她现在已经八十多岁,小脑萎缩,不能说话,孤苦伶仃。当年她曾做过一件轰动乡里的大事——夫妻两个偷偷地用绳子勒死了自己的亲生儿子。

儿子小时候，这位妈妈十分娇惯他，护犊子护得非常厉害。

她教唆儿子不尊重老师。上小学时，她的儿子比较调皮，喜欢搞恶作剧。譬如，拽女孩子的辫子而把她们的头皮拉伤；譬如，上课时钻到桌子底下拧同学的脚指头等。调皮的男孩出现这些行为是正常的，正因为出现这些行为才需要教育。因此，这个孩子必然会受到老师的批评教育。这位妈妈受不了了，拉上儿子到教室里大吵大闹，把老师的讲桌都给掀翻了。不仅如此，还天天在家里指责、诅咒老师，天天教唆儿子与老师作对。结果，这个孩子不知道尊重师长，不懂得尊重别人。

她还教育儿子不孝顺奶奶。这位妈妈不孝敬公婆，从来不赡养、照顾公婆，有时还去公婆家里吵架。儿子有时到奶奶家去找好吃的，一旦被妈妈知道，妈妈就大骂一场——她不骂儿子，而是骂孩子奶奶。儿子就是在这样的环境里成长起来的。结果，儿子养成了不善良、不厚道、不礼貌、不孝顺、不管不顾他人的品行。

她还教导儿子不宽容小伙伴。因为儿子比较调皮，爱招惹是非，玩耍时经常攻击小伙伴。碰上被攻击的小伙伴有哥哥，就会被反揍一顿。于是，这位妈妈就会带上儿子到别人家去大吵一场，有一次还动手打别人家的孩子，引起家长之间的对立和打架。这位妈妈不识是非，在什么情况下都护犊子。结果，儿子变成了一个完全的自我中心主义者。

后来这个孩子辍学了，在社会上越混越坏，最后偷鸡盗狗，胡作非为，被关了几次派出所，出来后变得更坏。他曾经看上一个女孩，要谈恋爱，被女孩拒绝，受到了刺激，精神有些错乱。此后，他经常打骂父母。有一次他把妈妈绑到树上用鞭子抽，还把家里值钱的物品都卖掉挥霍了，好几次因为妈妈不给钱就把家里的房子点着了火。十八岁那年夏天，这个混账孩子性侵了自己的妈妈……

此时，这位妈妈才认识到自己护犊子是多么愚蠢、多么可恨，天天以泪洗面，痛不欲生。

在一个夏季的深夜，这位妈妈和爸爸商量了一下，决定杀死儿子"为民除害"。因为儿子高大威猛，两个人打不过他，于是想了一个办法：把绳子的一头固定在门框上，再把绳子打一个死结，趁着儿子睡熟之际，将死结套在儿子的脖子上，然后拉紧绳子的另一头，直到儿子不再挣扎……这起杀人事件因事关乡人的安全，民不告官不究。

这是一个个案吗？

每天，我站在学校门口迎接或目送学生，看到众多家长护送或接走孩子时的言行以及孩子的行为，这些呈现出了家长各种护犊子的方式。

父母不为孩子的成人负责，经常护犊子，最终出现不良结果，就只能由父母默默地承受。

家长的护犊子

我小时候一次路过生产队的场院，看到一只老母鸡领着一群小鸡叽叽喳喳地在草垛旁找东西吃。因为好奇，我就跑过去看那群小鸡，没想到那只老母鸡突然竖起全身的毛，高昂着头，"咕咕"叫着，迎面而来。它可能认为我对小鸡构成了威胁吧。

不仅鸡这样，牛、马、羊等动物也是如此。保护下一代，是动物的本性。人类也有这样的本性，我们把这一本性叫"护犊子"。

护犊子为人父母者皆有之，本无可厚非；但是，人除了动物性，还有社会性。如果不顾一切、不分场合、不管青红皂白、不尊重教育规律地护犊子，就不仅教育不好孩子，而且会将孩子推入失败的人生境地。

我曾在两周内连续接触过三个家庭，他们都是因为护犊子心切而与老师、其他家长和孩子发生矛盾和冲突。有研究发现，孩子任性、暴力攻击别人、高度自我、不关心集体、不合群、不愿与人分享、学习成绩一般，与其父母、祖父母的护犊子行为具有高度相关性。家长护犊子，不仅不能保护好孩子，反而会抑制孩子健康成长。

我通过观察发现，家长护犊子主要表现在两个方面。

一是师生关系。譬如，孩子受到老师的批评、惩戒或遭遇老师不公正的待遇时，就与孩子一起诋毁、攻击，甚至辱骂老师，到学校找老师说理或公开告到学校。家长这样的护犊子行为，会使老师失去师道尊严，也会让孩子人格、心灵、品行的建构轰然倒塌，最终受到伤害的仍是孩子。

其实，我们可以避免产生这样的结果。如果孩子确实有问题，家长就应与老师有效沟通，问清症结，对症下药。如果是老师有问题，也应该平和地与老师沟通、交流，提出自己的意见；实在解决不了再向学校反映，以妥善解决问题。

二是同伴关系。譬如，孩子动手打架了，争吵了，家长掺和进来，在学校门口恐吓对方，甚至与对方家长吵架、动手。家长这样的行为，只会把自己的孩子毁了。

以前家里孩子多，都是一母同胞，尚且打打闹闹，而没有血缘关系、家庭背景迥异的一群孩子生活在同一个班级，发生矛盾和冲突是自然的，也是不可避免的。孩子必须学会如何与别人交往，如何处置与同伴的矛盾和冲突。家长替孩子出头，帮孩子摆平与同学的矛盾和冲突，并不能使孩子得到成长与发展。其实，家长可以请班主任老师帮忙，让孩子在老师的教育、引导下自己解决问题。教育就是要发展孩子的社会性，使其成为善良、理性、完善的社会人。

对孩子来说，任何事件都是教育资源、成长机遇，我们都要利用好。

古人曰：溺子如杀子。从某种意义上说，家长护犊子，其实就是在"自毁长城"。

三
"校闹"之后，最受伤害的是学生

一天，我碰到某知名学校的一位家长，他正忙着给孩子办理转学手续。我好奇地问："这所学校家长都想把孩子转进来，您为什么要把孩子转出去？"他无可奈何地笑了："去年家长为塑胶操场问题去学校闹事，炒得沸沸扬扬。校长被撤了，操场被拆了，全体教师十分沮丧，现在基本处于'准罢课'状态。您想，教师的工作是一件良心活，他们出力还是不出力，我们看得着吗？我不能让自己的孩子栽在这儿！"

这几年，从南到北都出现了由教学设施、场地问题和学生安全问题而引发的"校闹"现象，家长利用上访、告状等方式造势，加上一些不负责的媒体的渲染，最后当地政府往往采取撤校长、拆场地、换设施等简单办法解决问题。

有记者采访了一些经历过"校闹"的学校的教师。某小学三年级班主任张老师告诉记者："家长'校闹'之后，换了校长，校园也拆得乱七八糟，学校声誉扫地。面对这样的局面，老师们实在没有心情教书育人了。现在就凑合着干吧，不管那么多了，只要工资不少，糊弄一天是一天。"

从表面上看，好像家长"胜利"了，达到了自己的诉求；但是，经过家校之间长时间的"拉锯战"，最后受到伤害的还是学生。

一是学生的精神和心灵深受伤害，甚至人格受到扭曲。家校严重对立，甚至发生激烈冲突，学生则会无所适从，特别是小学生，他们不知道是该相信学校还是该相信家长。古人云：亲其师，信其道。如果学生不再相信学校，不再相信校长、老师，长大后也很难相信社会，相信他人，他们的人格将会受到严重扭曲，他们将会带着心理问题步入社会。这太可怕了！

二是教师的自尊心严重受挫，会影响学生的发展，特别是学业成绩。"校闹"也会伤害教师，看到校长被撤职或被处分，操场被拆，教师哪还有心思教书育人？最后，受到影响的还是学生。

另外，家长"校闹"还会影响社会的稳定和民族的未来，一旦形成"校闹"风气，尊师重教的传统文化必然就会受到冲击，教师职业也会受到冲击，从而降低人们当教师的意愿，甚至危及民族的未来。

一位专家建议，出现"校闹"时，当地政府不能"一撤、一拆"了之，而应创造条件，让学校和家长充分沟通，充分对话，共同协商解决办法，避免学生受到伤害。家长不要动辄"校闹"，而应积极参与进来，与学校一起想办法，一起为了孩子解决实际问题。家长们应该认识到，学校改造场地、改造校园、更换设施设备，也是出于安全、教学的需要，而不是为了别的。如果出了问题，家长们应该体谅学校的难处，和学校一起想办法解决问题。当然，学校在建设过程中要按照流程、要求施工，避免出现问题。

总之，为了孩子，我们需要共同打造和谐的家校关系，避免"校闹"发生。

Ⅲ 教育的本质

三 办教育就是投一份"种子钱"

近读《李提摩太在中国》一书了解到,这位英国传教士清朝末年在山东传教,听说山西发生了重灾,便又去山西从事赈灾活动,并向海外通报灾情,募集捐款。

1887年李提摩太在北京见到当时主持朝政的李鸿章,说中国要走强盛之路,必先振兴教育。他建议政府每年拿出100万两白银支持教育改革,提升国民素质。李鸿章说:"政府承受不起,没有那么多钱。"李提摩太当即就说:"这100万两白银可是国家的'种子钱',日后必有百倍、千倍、万倍、亿倍的收益!"李鸿章问"日后"为多久,李提摩太回答:"至少20年。"那时李鸿章已年过花甲,嫌20年太久,根本等不及,也等不起,一口回绝了。李提摩太一声长叹:"你现在不花这个'种子钱',将来会后悔的!"

李鸿章把钱投向了置办洋务、建设水师等"短、平、快"项目上。李鸿章不懂这样一个道理:如果国民素质不行,则军队不行;如果军队不行,即使枪炮、军舰再先进,也必败无疑。不幸,李提摩太一语成谶。1894年中日甲午战争爆发,北洋水师全军覆没,中国战败,签订《马关条约》,仅赔偿白银一项就达两亿两。

实践证明,国家的强弱、兴衰、存亡在很大程度上取决于国民受教育的程度。"二战"后满目疮痍的德国和日本迅速崛起,建国不久的以色列能够自强于强敌环伺的阿拉伯世界,重要原因是这些国家投入了大量"种子钱",办出了优质的教育,培养出大批合格的公民和人才。

历史是一面镜子。谁不舍得在"种子钱"这样的长远事业上花钱,日后必将千倍、万倍、亿倍地加以偿还!

我国在20世纪80年代开始普及义务教育。办教育需要花钱,办出优质的教育更需要花钱。让各级政府拿出"种子钱",是一件十分艰难的事情,毕竟,建一个广场、修一条马路、建一个工厂更容易出政绩,更容易看到收益。

但是,也有政府愿意投入"种子钱"。一次,我参加了《人民政协报》在北京举办的"教育精准扶贫"研讨会,会上安徽省阜南县介绍了他们是如何投入"种子钱"的,这让大家深受鼓舞。阜南县地处淮河流域,是国家级贫困县,全县178万人口,外出务工人员达到40万人,农村留守儿童教育成为"痛点"。这个县在脱贫之路上没有就脱贫而脱贫,而是推行"教育精准扶贫"计划,筹措大量"种子钱"用以提升全县的教育水平。

可是这样的穷县哪里有钱投向教育?他们没有抱怨,而是开动脑筋,组建教育投资公司,采取"举债借钱"的办法筹措"种子钱"。现在,阜南很多好的建筑是学校,教师的工资大幅提高,办学条件好于东部许多地区。

种上一粒籽,可收万颗粮。教育的"种子钱"被誉为"收益最高的投资"。今天拿出"种子钱"是利于后代的"奠基工程"。

三

教育常常在"应然"与"实然"之间较量

教育的"应然"是什么?柏拉图提出,教育应该培养能够治理国家的哲学王。黑格尔提出,教育应该培养富有理性的人。今天,我们仍然在争论,教育究竟应该培养什么样的人。但有一点人们已达成共识:教育的"应然"是遵循儿童的天性，培养完整的人、幸福的人。因此，教育要回归本真，不能过于功利化，更不能把孩子当成玩偶。

教育的"实然"是什么？如果孩子不能获得较高的分数，就读不了好中学，就读不了好大学，就找不到好工作。所以，"分、分、分，孩子的命根"就成为一个不争的事实。家长让孩子上辅导班，逼迫孩子拿高分，考好大学，这样一味追求分数的功利行为必然会违反儿童的天性。

教育常常在"应然"与"实然"之间较量。一味追求教育的"应然"，那是一种教育理想；一味追求教育的"实然"，就违反了人的发展规律。

今天，教育应该在"应然"和"实然"之间取得平衡，找到教育变革与发展的路径和策略。我们学校提出和践行的"幸福教育育人实践模型"，就是一种探索。譬如，在课程建设上，既以学科课程为中心，大力实施国家课程校本化，扎扎实实地落实教学目标，让孩子自如地应对考试，又以"超学科"课程为中心，尊重孩子的天性，开展十大好玩课程等，让孩子快乐地生活，幸福地成长。

我们理解家长的焦虑，但是我们反对以牺牲孩子童年的幸福为代价去换取所谓将来的成功人生的做法。

教育人的心里要有人

学校是一个人道主义场所。什么是人道主义？说得简单一点儿，就是心里要有人。

这几天北京连续重度雾霾。我早上 7:00 到达学校，看到保安已经在执勤，他们认真地履行职责，保护着师生的安全。但是，他们没有佩戴口罩，我感到很心疼。

这些从事保安工作的小伙子，虽然是合作的保安公司派出的，但是我们对他们的健康不能完全忽视，我们没有理由不为他们配发口罩。

我们每年都会为全体教师配发口罩，我们时常想到教师的生活和健康，但是我们容易忽视那些为我们提供服务的人，如保洁、保安、维修、食堂、绿化等岗位的服务人员，因为他们不属于学校的编制人员，常常不在我们的考虑范围之内。然而，我们是教育者，我们心中必须有人，这样才能成为一名真正的教育者。

一天晚上10点多在从学校回家的路上，我忽然记起第二天就是腊八。腊八节的传统习俗是喝腊八粥，吃饺子，吃腊八蒜。我给食堂管理人员打电话，询问明天是否准备了腊八节食品，并告诉他：在传统节日里，要让全体教师、保安、保洁人员、维修人员等所有教职工都吃到节日食品，感受到浓浓的节日文化和气氛，让全体教职工融入温暖的学校大家庭中。

在元旦文艺汇演中，我们隆重地宣布学校年度十件大事、十大热词，都是请保安、保洁人员、食堂人员等到现场宣布的。虽然他们文化程度不高，甚至将字念错了，但都无妨。我们只是想传达这样一个理念：学校中的每一个人，不论是校长、教师、学生还是服务人员，只是分工不同，角色不同，但是都有尊严，都有价值，人格是平等的，都要受到关注和爱护。学校是一个人道主义场所，如果我们教育人的心里没有人，就永远做不好教育，永远不可能培养出"人"。

学校的使命是培养个性化的公民

国家发布了"学生发展核心素养",提出要培养"全面发展的人"。那么,什么是"全面发展的人"?

苏霍姆林斯基也曾提出"培养全面和谐发展的人"。有人说,德、智、体、美、劳全面发展的人,就是"全面发展的人",长期以来我们一直这样认为。

有一年苏霍姆林斯基的女儿、乌克兰教育科学院院士苏霍姆林斯卡娅到我们学校访问,我就这一问题专门请教她。她说,在苏霍姆林斯基那里,"全面和谐发展的人"就是个性化的人——"这一个"就是"这一个",而不是"那一个"。"全面和谐发展的人",绝不是一群高度同质化、共性化的人,而是个性化的人。

然而,今天这样千篇一律的学校、高度同质化的课程、几乎一模一样的培养模式,必然会培养出很多高度同质化、共性化的人。我们已经处于迅猛发展的信息化、智能化时代,未来的社会必然是一个发展更加快速、更加多元、更加开放、更加创新的社会,需要富有个性和创造力的人。新高考改革也指明了今后选拔人才不再仅仅局限于高考分数,还要求学生具有特长、个性。

有人说,今后,赢得语文者赢高考;我说,还要加一条——赢得特长者赢人生。

如何培养个性化的人,以适应未来的社会?

第一,发现孩子的爱好。由于遗传基因、智力结构和生活环境不一样,每一个孩子都是不一样的。依据多元智能理论,每个人的智能是不一样的,有的语言见长,有的数学突出,有的会唱歌,有的爱运动……

每个孩子都有自己的特长、爱好和潜能。老师和家长要去发现。如何发现？要为孩子提供不同的课程和生活场景，鼓励他不断尝试，在尝试中发现他的特长、爱好和潜能。

第二，培养孩子的兴趣。一旦发现孩子喜欢做某件事，如特别喜欢讲故事，或者具有唱歌禀赋，就要提供一定的课程资源和支持条件，鼓励他不断尝试、探索、体验、感悟。这样孩子可能就会对这件事越来越感兴趣，这个兴趣可能就会培养起来，甚至成为他一生的追求。

第三，挖掘孩子的潜能。如何挖掘一个孩子的潜能？需要给他提供相应课程，让他深入、持续、有效地学习，这样他的潜能就会慢慢释放出来。

第四，发展孩子的特长。特长是一个人个性化的重要标志。一个人的潜能被挖掘出来后，再用心发展，就可以形成特长。

我在儿童时期听过很多故事，读过大量小说，最大的爱好就是文学，最大的梦想是做一个作家。到了中学，我以文科见长，作文常常被当作范文供同学参考。大学读的是中文系，在大学如鱼得水，读过许多中外名著，然后按捺不住开始文学创作。工作后业余时间一直创作不辍，出版小说、散文集、随笔集多部。

因此，玉泉小学坚持开发适性课程，即适应每一个孩子的课程，每年推出180个左右的社团，满足3000多名玉泉学子的兴趣需求，目的就是通过不同的课程选择与尝试，让每一个孩子发现自己的爱好、兴趣和特长，最终发展成为一个"全面发展的人"。

从发现爱好到培养兴趣，再到挖掘潜能，最后形成特长，培养个性化的孩子，培养适应未来的公民，让每一个孩子都拥有幸福人生——我认为，这是今天学校的使命。

我们的儿童立场

在首都师范大学儿童生命与道德教育研究中心举行的"重新发现儿童"教育研讨会暨《重新发现儿童》首发式上，儿童研究专家孙云晓老师说，十年前他就呼吁，要把六一儿童节还给孩子们。大人们不要假惺惺地为孩子们"制造"出一个他们并不喜欢的节日！

某地一位小学生曾给"管着"校长和老师的教育局局长写信，要求取消六一儿童节，原因是他参与排练了两个月节目，在最后阶段却被刷下来，心里很郁闷。孩子们在自己的节日里"被演出""被导演""被接见""被开会""被训话""被观众"的场景很多。一个人被当成"道具"，心里当然会不痛快。

玉泉小学在六一儿童节则让所有孩子都担任角色，都上场，都表演，都露脸，试图把这个节日真正还给孩子。但是，我们仍然感觉，校园或剧场里的任何舞蹈、歌唱、戏曲、演讲、报告、表演、义卖等，都带有很多成人操纵的成分，离"把这个节日真正还给孩子"，还有一定的差距。

我想，能够满足所有孩子的愿望、让每一个孩子都喜欢做的事，莫过于游戏。做游戏，符合儿童的天性，是极有价值的学习方式和道德发展过程。于是，我们决定到沙滩上过一次六一儿童节，让孩子们做自己喜欢的游戏，过一个自由自在、难以忘怀的儿童节。

一开始的想法是去北戴河海边，让所有玉泉学子光着脚丫子在沙滩上奔跑、追逐、嬉戏、游玩、摔跤等，尽情尽兴地疯狂一回；回城时每个孩子装一瓶沙子带回来，把学校的沙坑填满，也算为学校做一点儿贡献。但细算了一下，一天时间太紧张，两天时间不现实。我们又去较近的张家口的一处沙滩考察，那是西伯利亚大风吹来的沙子被高山挡在山里形成的沙丘，因处于风口而具有危险性，只好放弃。

最后，不得已选择了京郊的青龙湖公园，那里有人造沙滩，不过并不宽敞。那天去踩点，看见那点儿沙滩，心想，来上两千多个孩子，每人装一瓶沙子带回去，沙滩就没了。所以，不得不放弃带沙子回来的想法。

儿童节那天来到青龙湖公园，把孩子们分成两部分，一部分先到树林里做游戏，一部分先到沙滩上玩沙子，然后交换，人人都有一样的玩耍机会。

但就这点儿沙子，孩子们都玩得特别高兴。我看到，二年级七班的孩子自由分组，瞧，堆高山的、建房子的、搭城堡的、修水渠的、栽树种花的……什么玩法都有，各种创意尽显。助理班主任司老师承担了为孩子们取水的任务，把水一桶一桶送到孩子们面前。一个有自闭症倾向的女孩子自己坐在一边，玩耍着自己的一堆沙子，满脸笑容。

让孩子们过一个没有被成人社会"绑架"的儿童节，把他们的节日真正还给他们，让他们张开心灵的翅膀自由自在地飞翔，这是我们需要明确表达的儿童立场。

三
校园是用来让孩子爱的

首都师范大学组织的全国生命教育现场会在我校召开，一位来自长春的参会代表王老师讲了这样一件事。

今天中午吃过午餐后，参观校园，一个小女生为我们做讲解，讲完之后又热情邀请我们去参观"苏霍姆林斯基书吧"。其实，我们很想去教学楼里转一转,但又不忍心驳回孩子的请求,就说:"我们马上要照合影了,等一会儿再说吧。"等我们照完相,一转身,发现这个小女生又出现在我们面前,再次力邀我们去参观书吧。我们被感动了,也真的不想失信于这个诚心诚意邀请我们的孩子,于是就跟着她七拐八弯地来到了"苏霍姆林斯基书吧"。

原来,这是一个供老师们读书、研讨、写作的地方,里面有苏霍姆林斯基的塑像、苏霍姆林斯基女儿卡娅来访的相片、校长写的歌颂苏霍姆林斯基的诗歌、苏霍姆林斯基所著的全部书籍、乌克兰帕夫雷什中学送给玉泉小学的礼物以及两校之间的合作协议等,但是并没见到能引起孩子兴趣的东西。我们禁不住问这个小女生:"你为什么一定要带我们到这里来参观?"她说:"学校的很多地方都是根据我们同学的要求进行设计和改造的,我们非常喜欢我们的校园!比如,这个地方原来是一个简易餐厅,后来改建成了一个书吧,我们还到这里来上课呢!"说完,她又指着墙上众多图片中的一张兴奋地说道:"看到了吧?看到了吧?这是二年级时候的我,我当时参加了'苏霍姆林斯基书吧'的剪彩仪式。"

我们终于明白了!小女生之所以这样执着地让客人参观,不是因为这个书吧有多么好,而是因为她参与了书吧的建设过程。所以,校园只有拉近与孩子们生活的距离,或者变成其生活的一部分,才能真正变成孩子们的校园。

玉泉小学是一所普通的公办学校,既没有气势恢宏的高楼大厦,也没有富丽堂皇的装修。但是我们按照儿童的视角对四个校区进行了童趣化改造,让每一个角落、每一面墙壁、每一块地砖、每一根管线、每一扇窗子、每一扇房门都成为会说话的"教育者",让校园变成孩子们喜欢的地方、好玩的地方、游戏的地方。

据研究，一个人的秉性和素养深受其成长环境的影响。人在成长时期所接触的传统、文化、习俗、饮食、味道、语音、色彩等会深深地进入他的记忆，一生都难以忘记。从教育学的角度来说，校园就是一种隐性课程，校园的设计与建造一定要考虑孩子的特点和喜好，并让他们参与其中。他们参与设计与建造时的一张画、一笔字、一个身影、一次活动、一张图片等都将深深地印在他们的心灵深处，必将永远激励和鞭策他们不断向善、向真、向美！

霍金成长历程的教育学启示

霍金去世，引发全世界悼念。我认真拜读了霍金的传记，试图从他的经历中寻找对儿童成长和教育的启示。

霍金小时候学习能力并不强，很晚才学会阅读，上学后成绩从来没有进过班级前10名，而且因为作业总是"很不整洁"，被老师们认为已经"无可救药"，同学们也把他当成嘲弄对象。

霍金12岁时，班上有两个男孩用一袋糖果打赌，其中一个男孩说他永远不能成才，同学们还带有讽刺意味地给他起了个外号叫"爱恩斯坦"。谁知20多年后，那个被嘲笑的、毫不出众的男孩却成了物理学界的一位大师级人物。

随着年龄渐长，霍金对万事万物如何运行开始感兴趣，而且喜欢设计极为复杂的玩具。他经常把东西拆散以追根究底，不过，他的父母并没有因此而责罚他，父亲甚至担任起他的数学和物理学"教练"。

十三四岁时，霍金发现自己对物理学非常感兴趣，此后，他就在物理学领域开启了自己的人生,虽然大半生都在轮椅上度过,饱受疾病的打击,但是他最终取得了伟大的业绩,成为世界上最伟大的科学家之一。

霍金的成长经历,可以给我们这样的启示。

第一,发现和培养孩子的兴趣十分重要,这会直接影响他一生的追求和成功。每个人的智能结构和潜能是不一样的,如果不去发现,其潜能就很难被挖掘出来。所以,发现和培养孩子的兴趣,发现孩子的智能结构,挖掘孩子的潜能,是很重要的。

第二,小学时的学业成绩并不是很重要,而需要动手、动脑的实践课程则特别重要。对人来说,知识学习和实践学习都很重要,并且要将两者结合起来。今天学校教育的最大弊端之一,就是强调知识学习而忽视实践学习,从而抑制了人的创造能力的发展。所以,我们要去除这一弊端,打破以知识体系为中心的课程建构,创设需要动手、动脑的实践课程体系,培养孩子动手、动脑的能力。

第三,家庭教育十分重要。现在众多家长还是把升学作为主要目标,为孩子提供知识学习资源,让孩子把主要精力用在学业上,忽视孩子个性化的成长,漠视孩子情感和创造力的发展,禁止孩子参与和升学无关的事情,甚至伤害孩子的自尊心、自信心和创造力。其实,每个孩子不一样,要保护孩子的爱好和兴趣,挖掘孩子的潜能,培养孩子的特长,以培养出个性化的孩子,使孩子成为他自己。

影响一生的教育

我们为孩子们做了很多所谓教育教学工作,但有些并不具备真正的教育价值，有些是形式主义的教育，有些是假、大、空的教育，有些甚至是反人性的教育……

一天我收到了一封邮件，是玉泉小学一位已毕业十多年的学生，要寻找他当年的班主任丁老师。他写道：

> 小学的我不是一个好孩子，很叛逆。那时候我只听恩师丁老师的，因为她对我很好，教我怎么做人，句句教育我，我很服气。她并没有因为我的无知、我的不听话而对我不管不问，甚至抛弃我，放弃我。恩师对我的教育，让我在人生道路上受益很大。如果不是丁老师，我可能会因为叛逆而走向犯罪的道路。现在我成家立业了。这10年，我一看到学生，就会想念我的恩师，想念我的母校。我在玉泉小学网站上看到丁老师已经退休了，情不自禁地掉下了眼泪……

读完这封情真意切的邮件，我就拿起电话，找到退休在家的丁老师，告诉她邮件内容，并询问能否把她的联系方式告诉这个学生。丁老师爽快地说："是他呀，快告诉他我的电话。这个孩子啊……"然后，丁老师给我讲了一个故事：

> 这个男孩子是在北京转学了五六次之后才转到我们学校的，并分到了我的班级。当时，这个孩子相当顽皮，经常欺负同学，时常打架骂人，嘿嘿，几乎是"无恶不作"，更不用说听课、写作业了，学习成绩是一塌糊涂。尤为严重的是，他还与社会上的一些小混混搅和在一起。在许多人看来，他是一个已经无法管教的孩子。怎么办？不能眼看着这个孩子滑向犯罪的道路哇。于是，我就天天盯着他，一有机会就找他谈心，说服他，给他讲道理；一有改进的好苗头，就赶紧表扬他、肯定他，并及时与家长沟通，让家长也表

扬他，一同转化他。我的课他还能听，而在别的老师的课上他就捣蛋，制造麻烦，影响教学。没有办法，我就与他一起听课。我和他同位了一年多，慢慢地他发生变化了……

丁老师的叙述，让我十分感动，既为这个孩子的成长，更为丁老师为人师的精神、责任感和劲头。

三

在孩子们的心田里埋下一粒种子

每年的新年欢乐节课程，我们都要做长时间的准备，试图在一个关键节点为孩子们提供一个难以忘怀的关键事件。我想，留在孩子心灵世界的美好记忆，其实就是一粒情感的种子，一定会生根、发芽、长大、开花，结出幸福的人生果实。

于是，在每年12月31日的新年欢乐节上，我总是"装萌"，装扮成大白熊，为每个孩子发放一件有意义的礼物，并附上一封信，给这件礼物赋予重要的教育价值。有一年，给每个孩子送了一个沙漏，希望孩子们形成时间观念，养成良好的作息习惯，学会管理时间等。

一个上午，我要穿越三个校区，发放近3000件礼物，不停地弯腰，不断地伸手，还要向孩子们发出祝福，同时回答孩子们提出的问题。这肯定是一件体力活，发完了，腰都直不起来了。

我的同事总是关心我，说让老师们帮助发放吧。但是，我以为，对孩子们来说，由校长亲手发放小礼物，是十分重要的，也是别人不能代替的。

那天上午发到二年级某个班，在与孩子们告别，将要走出教室的时候，我突然听到了一阵哭泣声，回头一看，是一个小男生坐在那儿泪流满面，委屈地说："高峰校长，您没有发给我礼物！……"哎呀，我是一个一个挨着发的，怎么会落下了他呢？我赶紧叫住陪同发礼物的老师拿来一个沙漏，并说："孩子，对不起，我肯定是忘记了。现在给你发一个最美的。"我帮着打开盒子，拿出沙漏，递给这个小男生："看，是一个蓝色的，好漂亮啊。"小男生终于破涕为笑："谢谢高峰校长！"看到孩子阳光般的笑脸，我知道他的心灵舒展了。假如我没有及时慰藉孩子的心灵，那将会对他造成多大的伤害呀。

元旦小长假期间，一位家长联系我，说："学校还有没有您发的'沙漏'？因为我不小心给打破了，孩子不干了。我说到超市买一个更好的，孩子说，再好也不是高峰校长发给我的。这不，一直在跟我闹！"

显然，学校里的每一个人都是一种课程资源，校长自然是特殊的课程资源。

校园无大事，但事事是教育，对孩子的成长来说，又有哪一件事不是大事？

校长要在所有孩子的心田里埋上一粒种子，然后松土、浇水、拔草、施肥，等待那粒种子慢慢地发芽、长大、开花、结果。

三

这里的校园静悄悄

我们访问美国美丽的罗伯茨小学，离开时，同去的一位校长说："他们的校园真安静啊，不像我们的，周边居民肯定没有告状的。"可不是嘛，美国的小学，不论走廊上、教室里、厕所里还是校园里，都是静悄悄的。

而我们呢？整个校园成天一片沸腾：喇叭不断地响起，老师严厉地呼喊，孩子们在教室里交头接耳，在厕所里叽叽喳喳，在走廊上吵吵闹闹，在校园里大喊大叫……

我们学校的邻居，多次投诉到有关部门，说学校的喇叭声和孩子们的吵闹声影响了他们的正常生活。不得已，我们还专门对校园音响进行了改造，力图把对周边居民的影响降到最低。

中国的校园为什么如此吵闹？

一、因为铃声问题。我们从早上7:40开始，到下午5:30孩子离校，预备铃、上课铃、下课铃、课间铃、午餐铃、放学铃等间隔响起。因为有室内课、室外课，铃声不仅在教室里响起，还会响彻校园。而美国的小学课与课之间没有铃声，上课时间由老师凭学习情况确定。除非到别的教室走班上课，孩子们几乎不用走出自己的教室。如果谁要上厕所，拿一个牌子，就可以去了，不像我们，非要等到下课后大家集体去上厕所。

二、因为广播问题。我们上午、下午各有一次眼保健操和一次课间操，都是由体育老师领操，老师的要求与做操的音乐交替进行。按照上级要求，中午还有红领巾广播，每次至少10分钟。而美国的小学只在下午放学有需要时，才会进行广播，且仅限于室内。我们在罗伯茨小学听到过一次广播，是老师号召大家给某个慈善机构募捐衣物。

三、因为课间问题。我们每天有六个课间和一个午间，一到课间，憋了40分钟的孩子们就像鸟儿出笼，欢腾得不得了，我们学校3000多个孩子在同一时间从教室出来，是个什么动静？而美国的小学没有统一的课间，每个班级有自己的休息时间，孩子们是分散开休息的，因此不会形成人多声杂的局面。有的班级在走班，有的班级在上课，因此，孩子们不可以喊叫,否则就会影响别人上课。在我们所访问的几所学校里,我看到孩子们走班时,都是老师整好队伍,孩子们在走廊上排成一溜,禁止说话,静悄悄地走路——习惯养成极好。

有人说:美国的小学校园非常安静,是否与学生人数少有关?可我们访问的另一所学校史蒂芬孙小学有 1000 多名学生,它们的校园也是非常安静的。

有孩子的地方不安静,本无可厚非。那么,为什么要强调校园的安静?我想,这是有教育学的道理的。吵吵闹闹、喊喊叫叫、嘈嘈杂杂的校园,只能培养出浮躁、狂妄、不守纪律、不尊重他人的人;只有在安静的环境中长大的孩子,才能养成有序、良好的习惯和尊重他人的优雅素养。

校园安静与否,不可小觑。

三

种地对教育的启示

我的一位高中同学很早就去了南方某城市,一直做基金投资,传说他挣了很多钱。

一次回老家,我无意中在潍河岸边一间耕种用的小屋里碰到了他。我们已经二十多年未曾谋面,彼此端详了半天才认出对方。

原来,他放弃了南方挣钱的事业,回到老家承包了 50 亩河滩地,开始种地。我们交谈起来,我问他:"为什么放弃那么大的事业回到老家种地?是犯了政治错误、经济错误,还是作风错误?"

他说:

你看我们在家种地的这些农民兄弟，很少有抑郁的、自杀的，他们都是天然的快乐者、幸福人。为什么？因为种地是一件有预期的事，有预期就会产生动机；有动机，就会生成梦想和希望；有梦想和希望，任何事情都会变成一件快乐、有趣、让人乐此不疲的事。

春天我们把土地拾掇好，施上肥料，播上种子，浇上水，然后等着庄稼冒出地面。过一段时间，到田间一看，哈，发芽了，真高兴！然后是管理、服侍这些小苗。经过一个漫长的夏季，看它们慢慢成长、开花、抽穗、结果。到了秋天成熟了，该收获了。你看，种地这件事，始终让我们处于盼望中，始终让我们处于兴奋中，还有什么事情能跟种地相媲美？即使冬天来了，不再劳作，我们也享用着自己的劳动成果，说起自己种的那个南瓜的故事，又是一件多么惬意的事！还要规划明年春天如何播种，一个新的希望又诞生了！

一个人，这一生，春、夏、秋、冬，始终充满梦想和希望，这才是正常人的生活，这才是幸福的人生。

我在财富的世界摸爬滚打，只有数字的追求、市场的吊诡、人情的淡薄，就是没有梦想和希望，所以也就得不到幸福。

俗语说：高官不如高薪，高薪不如高寿，高寿不如高兴。我抛弃了高薪，回来种地，就是为了得到"高兴"二字。仅此而已。

我听了他的一席话，愣在了那里，如醍醐灌顶。

是啊，一个人、一位老师、一位校长、一所学校、一个组织、一个民族，莫不如此：没有预期，就不能产生动机；没有动机，就没有梦想和希望；没有梦想和希望，人生就会过得浑浑噩噩，组织就会僵化。

所以，我们学校提出了发展愿景——建设一所伟大的学校。其中的每一个人，都要根据愿景制定自己的人生规划。这就是种地带给我的教育启示。

学校的自由问题

一天晚上寒风凛冽,我独自在楼下散步。

一位先生牵了一灰、一黑两条狗,使劲往楼道里拉,嘴里还在骂,可这两条狗似乎合起伙来欺负主人,任他如何拉、骂,就是不愿回去。我感到奇怪,问他:"这狗是怎么了,这么冷的天不回家?"他说:"嘿,两个家伙要自由呗,宁肯冻死,也不回家!"

看来,为了争取自由,狗尚且如此,更何况人!

人们向往和追求自由,是天性使然。一个人没有心灵自由、行动自由、时空自由,就不会获得幸福。然而,在社会上,我们肯定会遭遇许多不自由的问题。

从某种意义上说,学校就是一个笼子,校长、老师和学生,皆如笼中之物。

人活着都会追求幸福,而教育就是要使人获得幸福;然而没有自由,人恐怕就很难获得幸福。所以,学校一定要让老师和孩子们获得自由。

因此,我们就很有必要审视学校的自由问题。

我始终坚持这样的观点:在学校里,如果不让老师们做出选择,不让孩子们做出选择,他们就很难获得自由,进而很难获得幸福。

选择,是获得自由的前提。或者说,没有选择,就没有自由。

人是社会中的人,必然受到各种制约和限制;但是,我们仍然可以为人们提供选择的机会。譬如,我们学校开设适性课程,周一、周三、周四下午全校"乱糟糟的":各人选择自己喜欢的课程,寻找自己的教室,好不热闹!这时,我会看到因自由选择而呈现出来的一张张幸福的笑脸。

三 一个人如何优雅起来

优雅是一个人的外在表现，而这一外在表现必然是其内心世界的映射。也就是说，优雅必然来自人的良好的行为习惯，而良好的行为习惯必然来自内心的规矩。

英国人的绅士风度是世界闻名的。有一次我到伊顿公学参访，看到每个男孩的头上都戴着一顶礼帽。学生不论走路还是坐着、不论就餐还是听课，均要戴着这顶礼帽。我感到好奇，就问："学生们天天戴着一顶帽子不是很麻烦吗？"校方告诉我们：这是为了让学生养成坐得正、站得直、走得稳的好习惯。因为如果坐着的时候前仰后合、交头接耳，或走路的时候晃动脑袋、追逐打闹，帽子就会倾斜或掉下来。久而久之，到高中毕业时，伊顿公学的学生都养成了坐得正、站得直、走得稳的好习惯。

叶圣陶先生认为，教育就是培养好习惯。好习惯要通过规矩慢慢养成。

第一，习惯养成需要平台，而学校的课堂教学、课外活动和家庭环境就是养成习惯的平台。

第二，习惯的核心是规矩，没有规矩就没有习惯，而建立规矩需要借助一定的技术和手段。

伊顿公学有明确的规矩和要求，而戴礼帽其实是一项技术，通过这项技术的不断强化，最终养成学生良好的行为习惯。

现今，都说中国人没有规矩，没有礼貌，没有文化。譬如，进了餐厅，中国人喜欢高谈阔论、大声喧哗，即使不足十人的小饭馆亦是人声鼎沸。而西方国家的餐厅，一般都是静悄悄的，西方人认为两个人之间的谈话让第三人听到，就非常不礼貌。这种文化一定来自人们的良好行为习惯，而良好行为习惯则来自人们内心的规矩。

"轻声说话，只让交谈者听到"这样的规矩又是怎么建立的？这种规矩建立的时间节点是小学二年级。如果此时学校、家庭协同一致要求孩子遵守这一规矩，并在生活中不断强化，孩子就会建立起这一规矩。

我们学校一年级的入校课程，其实就是通过建立规矩让孩子们养成良好的行为习惯。一年级的老师们制定了详尽的"玉泉规矩"，并不断强化这些规矩，这样，孩子们良好的行为习惯就能逐步形成。

一个人如何才能优雅起来？必须重视小学阶段的习惯养成，要在不同的成长期明确不同的规矩，并在学校的教育教学和家庭教育中不断强化这些规矩，久而久之，孩子良好的行为习惯就会养成。

三

校园与树木

校园是孩子们在成长过程中吸纳自然气息的地方。如果一个校园里没有树木，它就难以构成一个完整的育人环境。我以为，如果一个校园里没有树木葱茏，它就不能称为校园。

有一年我到帕夫雷什中学参观，看到校园里苏霍姆林斯基当年带领老师们栽种下的橡树，已经郁郁葱葱，遮天蔽日，散发出清香。校长告诉我们，20世纪四五十年代，肺结核病流行，并且难以治愈。据说当时人们认为橡树的气味能够杀死肺结核病菌，所以苏霍姆林斯基为了保护孩子们的身体健康，就在校园里栽满了橡树。在帕夫雷什中学，橡树成了孩子们的保护神。

至于校园里如何栽树，必须因地制宜。2009年我兼任潍坊幸福教育学校联盟总校长，当时联盟里有12所农村小学。那年春天，教育局组织校长参加联盟学校的点评。在点评一所小学时，我向校长提出，要将教室前面的冬青带全部拔掉；而在另一所小学，我建议校长在教室前面的广场上栽上大树。事后，一位校长问我："您一会儿要求拔树，一会儿又要求种树，校园究竟如何绿化？"我说，校园绿化应该以学生为中心，根据实际情况决定，而不能为了绿化而绿化。譬如，第一所学校，因为稠密的冬青带挡在教室门前，侵占了孩子们的活动空间，下课后孩子们没有蹦跳撒欢的地方，所以要拔掉冬青带，将那里整成平地，把空间让给孩子们。而第二所学校教室前面是一个偌大的广场，孩子们下课后在那儿玩耍、做操、集会。如果广场光秃秃的，没有一棵树，没有一丝绿荫，不仅会晒着老师和孩子，空气质量也不好。这样，校园就不是一个完整的育人环境。

没有树木的校园，一定是一个有缺陷的校园；而有树木的校园，一定要为了孩子的成长而种树，否则也是一个有缺陷的校园。

三

让学校慢下来

学校是社会的一部分。在这样一个快速发展、纷繁浮躁的社会中，让学校慢下来很难。

然而，学校不是加工车间，几分钟就可以制造一辆汽车；学校也不是建筑工地，一夜之间就可以竖起塔吊，一天就可以盖一层楼房。

秋季开学的第一周，我就感受到了校园里匆匆忙忙的氛围。我与级部主任座谈，请他们提出需要解决的问题，他们焦急、无奈的心情写在眉宇之间；我召开办公会研究下周工作，各个部门主任很着急，因为本周的工作还没有完成，下周还有一个长长的工作菜单等待完成；老师们也很着急，他们脚步匆匆像风一样走在教学楼里。

我奉劝他们不要着急，慢慢来。我们对教育教学可以整体设计，分步实施，层层推进。如果我们着急了，就会匆匆赶路，就会暴躁上火，就会不顾教育规律，甚至摧残孩子。

我常常想：为什么一开学就要上课，赶进度？为什么要设计催人的上课、下课铃声？为什么一节课一定要40分钟？……其实，如果从孩子的实际出发，就不一定会如此设计和规定。于是，我们对一年级进行调整，第一周不再上文化课，首先养成孩子们基本的生活习惯和规律，等他们有了朋友，有了要好的学习伙伴，形成了纪律观念和规则意识，知道厕所在哪儿，知道拿出笔、找出课本准备上课后，再开始学习。我们设计了长短课、连堂课，需要孩子动手的课、好玩的课，如科学、美术等就设计成60分钟的长课；需要教师讲授的课就设计成35分钟的短课；需要复习、监测、创作的课，如语文、数学等，就设计成连堂课……

中国校园里的好多设计，都是为了赶时间、赶进度、赶节点、赶成绩，离教育的本质、孩子发展的规律越来越远。

如何才能让学校慢下来？这需要我们好好思考。

课程决定国家的未来

"钱学森之问"提出后，学界对培养什么样的人的问题一直争论不休，莫衷一是。有的倡导"恢复国学"，培养传承中国传统文化的人，所以国学很热；有的要求"互联网+教育"，于是许多学校开始玩慕课，玩翻转课堂……然而，我们对学校教育"从哪里来，现在何处，将要走向哪里"等基本问题还没有弄清楚，形形色色的所谓"课改"常常是盲目的。

美国教育学家安德森修正了他的导师布卢姆提出的教育目标分类学，新的教育目标分类学认为，教育目标是由金字塔的基底开始向塔顶发展的。金字塔是由记忆、理解、应用、分析、评价、创造六个层次构成的，其中记忆、理解、应用属于"低阶认知能力"，这是目前我们的课堂教学正在解决的问题；分析、评价、创造属于"高阶认知能力"，这是传统的课堂教学难以解决的问题。

其实，培养什么样的人，就需要匹配什么样的课程。人的发展是有规律的（如从低阶思维向高阶思维发展），课程要与人的发展规律相适应（如传统的分科课程与教学常常徘徊在低阶认知水平上）。如果不去改变传统的课程，就难以回答"钱学森之问"。国学也好，慕课也好，翻转课堂也好，它们并不是目的，只是帮助学生发展的手段。

我到瑞典的小学造访时，发现每所小学，即使是一所非常偏僻的小学，都拥有很棒的木工教室，里面加工制造设备齐全，材料齐全，并配备了优秀的木工教师。每周每个学生至少要到木工教室上两节课，单独或与同伴合作，用一个学期的时间制造出自己的"产品"，譬如一张小椅子。这样的课程，不仅为学生提供了学以致用的机会，更为他们提供了设计、创意、分析、探究、体验、评价、分享、转化、合作、愉悦、幸福等高阶思维发展的平台。

现在，我国大力提倡"大众创业、万众创新"。"大众创业"容易做到，而"万众创新"则比较困难。

创新决定一个国家的未来，而创新来自教育，所以我们说，教育决定一个国家的未来。教育中最重要的是课程，所以我认为，课程决定一个国家的未来。

三
重新定义儿童学习

我们一直认定，学习就是儿童到学校念书，在课堂上听讲，完成作业，参加考试等。其实，这只是知识学习。还有更多学习方式，只不过在以知识为中心的应试教育浪潮中，我们慢慢异化了儿童学习，把知识学习泛化为儿童学习的全部。

一天，一个刚刚蹒跚学步的小朋友来到我家，除了睡觉老老实实之外，其他时间都在不停地忙碌，一会儿摸摸这里，一会儿闻闻那里，一会儿又舔舔各种东西……实际上，她整天都在不断地学习，因为在她看来，这个世界好奇妙。她表现出非常强烈的学习欲望，她不停地通过手、脚、眼、鼻、耳、舌等各种器官去感知和了解这个世界。

其实，学习是人的一种本能，是不需要逼迫的。

所以，我们需要重新定义儿童学习，改正把知识学习当成儿童学习的全部的误解。

古人就已提出"读万卷书，行万里路"。一个人要想成功，不仅要读书学习，更要实践学习。

国外特别重视中小学生的实践学习。场馆式学习、游学式学习风靡欧美，新加坡就要求每个学生都要有出国游学的经历。这些都是实践性、综合性学习。有一年我在美国加州某高中碰到一位华裔老师，她说起自己读高中的女儿正在紧张地备考哈佛大学，但她女儿缺乏社会实践经历。

按照哈佛大学的规定，即使学业优异，如果没有社会实践经历，也不会被录取。

我国也已经看到了过分强调知识学习带来的弊端，现在提倡探究式学习，倡导研学旅行，又明确提出要把实践性课程纳入课程标准，占有课时；在中考、高考改革中，增加了与社会现实、传统文化相关联的考题，试图引领中小学走出应试教育的泥潭。

中国哲学强调"知行合一"。陶行知先生学贯中西，提出"生活即教育""做中学"等主张，并且身体力行地实践自己的办学主张。陶行知先生原先改名为"陶知行"，强调知与行的统一；后来发现实践学习、体验学习对学生成长更重要，于是又改名为"陶行知"，主张行要先于知，强调实践学习的重要意义。

重新定义儿童学习，转变传统观念，真正为儿童提供真实的、有深度的、实践的、综合的课程，落实立德树人的根本任务，是我国今后教育改革的重要方向。

是鼓励选择，还是不允许选择

我们在瑞典有一所友好学校——南纳学校。我去访问的时候，发现该校女生特别多。

我问校长："为什么贵校女生特别多？"他说："我们学校以艺术教育见长，而喜欢艺术的女孩居多，所以许多女孩就选择了我们学校。"原来，在瑞典等北欧国家，政府支持和鼓励孩子根据自己的爱好和特长，选择适合自己的学校。

我们则划片入学，对口直升，不考虑个性，不允许择校。

蔡元培先生认为，教育就是一种选择。或者说，没有选择就没有教育。但是我们不允许择校，也就失去了教育选择的空间。有人说，没有选择不是也有教育发生吗？我们的基础教育学校不是办得很好吗？

然而，蔡元培先生所说的"教育"与我们所说的"教育"，在外延和内涵上有很大不同。蔡元培先生所说的"教育"是指一个人的发展，我们所说的"教育"则局限于教学成绩。

孔子因材施教的前提，就是选择。如果没有对学习伙伴的选择，没有对学习内容的选择，没有对学习方式的选择，没有对兴趣爱好的选择，不论什么人都集中在一起，采用相同的学习方式，强迫学习同一知识，就不可能实现因材施教。择校，就是一种因材施教。择校本身并没有问题，不应被批判或否定。

当然，我们不允许择校，是国情所致，因为区域教育不均衡、教育模式同质化、强校与弱校并存、师资力量参差不齐……究其根本原因，还是国家底子薄，发展晚，人口多，有优质学校和薄弱学校之分。不允许择校乃不得已而为之。

但是我们办教育，还是要让孩子们有所选择，否则，就没有真教育的发生，就没有创造性人才的出现。既然大的空间不能选择，就让孩子们在校内有所选择吧。

玉泉小学这几年的改革，就是希望让每一个孩子都拥有一张自己的"课程表"，为此我们建构了自己的课程体系，推进国家课程校本化、适性课程生本化，实现课程"变轨"、课堂"变脸"和教室"变样"，最终实现孩子们的"变化"——让每一个孩子都拥有幸福人生。

Ⅳ 教育的思考

芬兰教育为什么这么优秀

芬兰在历次国际学生评估项目中都名列前茅。

为什么芬兰教育这么优秀？

一、芬兰有世界上极宽松的学校发展环境。芬兰法律规定，校长可以向政府提出任何与教育相关的要求，甚至是"无理"要求。譬如，学校要建一间木工教室，只要通过评估，政府就必须满足。而且任何政府官员都不能到学校里指手画脚，干涉学校的教学。

二、芬兰有世界上总体最优秀的教师群体。在芬兰做教师是很荣耀的，芬兰中小学教师的地位很高。但是做教师也很难。必须自己喜欢做教师，而且要求研究生学历，然后经过层层面试和筛选，通过率仅10%左右。我们到赫尔辛基大学访问时，正好赶上教师资格考试。获得了教师资格后，还要通过学校考察。

三、芬兰有世界上极完善的课程架构和最放权的课堂教学。芬兰采用国家、地方和学校三级课程体系，国家提出基本课程要求，地方可以根据自己的实际情况增加地方课程，学校可以根据社区情况增加校本课程。比如，我们参访的学校，在芬兰语和瑞典语双语教学的基础上，又增加了中文教学，原因是许多学生在中国出生，他们的父母在诺基亚中国总部工作，他们需要中文环境。我们参观了中文教室，与学生们交流。校长特意安排了五个会说中文的学生带领我们参观其他教室，给我们讲解或回答我们的问题。

学校只是设定三级课程目标，制定相应的课程标准，至于怎样实现课程目标、落实课程标准则没有规定，把课堂完全交给教师，由教师根据学生的需要研发教材，根据学生的情况自行组织教学。我们座谈的地方,是一间教师工作室,时常有教师过来打印材料。校长说,这是教师在准备教材。

四、芬兰有世界上非常优化的辅导系统。芬兰的学校,设有学业辅导教师、心理咨询教师和社会工作者,他们构成了完整的辅导体系,为所有有问题的学生提供全方位的服务与支持。芬兰教师有一个共识:不放弃任何一个学生,把所有学生都教育好。

薄弱学校的起死回生

由于经费、校长、教师、生源、管理和区域位置等原因,有些学校在发展过程中慢慢变成了薄弱学校。因涉及人员安排、财物转移、社会稳定等问题,一所学校即使没有办学效益,一般也苦苦支撑,政府不敢随意撤销它。

20世纪90年代,我在胜利油田教育机关工作。一天一位朋友告诉我一个笑话。她是一所学校(这所学校是一家工厂的附属学校)的教师,她说,有一天她问他们厂长:"世界上有一所学校,已经三年没有学生了,还依然存在。您知道它在哪儿吗?"厂长眨了眨眼睛,显出一副不可思议的表情说:"世界上哪里有没有学生的学校,竟然还在办学?"她笑了:"您不知道吧,就在我们厂里呀!"

然而,直到今天,还是有众多没有效能的学校,不是在继续养着人,发着工资,苦苦支撑着吗?

我曾接手过一所特殊教育学校,学校有40多位教师,只有15名学生,早已没有效能,却还是存续了十来年。

由于我们是自己办学、自己管理、自己督导，没有公正的督导评估机制对学校办学水平进行监督，所以没有办好、没有效能的学校就一直存续下去。

美国则不同，一所学校不被家长和社会接受时，就要被撤销，校长、教师则卷铺盖走人。

美国将学校划分为四个等级：（1）无法接受的；（2）勉强可以的；（3）被认可的；（4）模范学校。美国的蓝带学校就是模范学校。

我参观过美国休斯敦独立学区的两所学校，它们原来都是"无法接受"或"勉强可以"的社区学校，聘不到优秀教师，生源急剧流失，居民对它们意见很大，它们属于典型的薄弱学校。休斯敦独立学区采用了新的办学机制，将它们改造为磁石学校。经过一两年的发展，它们成了充满勃勃生机与活力的学校，成为家长择校的首选。

其中一所学校是小学。从2011年开始，这所有五十多年历史，但已撑不下去的社区老校，被改造为一所以汉语为特色的双语学校，学区重新选聘校长和教师，改革课程设置，采用"50%+50%"（即一半时间学习英语、一半时间学习汉语）的教学模式，面向休斯敦全市招生。经过一年多的发展，学校教学质量和办学水平迅速上升。我们听了幼儿园（4岁）、学前班、一年级、二年级和三年级学生的汉语课，学生汉语表达能力很强，教学效果非常明显。休斯敦位于墨西哥湾，是国际性港口城市，以石油和医疗享誉世界，与亚洲特别是中国的贸易相当密切，所以很多家长愿意送孩子到这所学校学习汉语。

另一所学校是初中，位于贫民区，学校70%的学生需要政府提供免费或半价午餐，教学质量很差，就要倒闭。学区总监与董事做了大量工作，争取到世界著名医学院贝勒医学院的支持，将这所学校作为其附属初中，为另一所医学特色高中输送合格的学生。这所初中也是面向休斯敦全市招生，今年六年级招了250人，明年的六年级已经有600多名学生申请，将通过抽签录取 250 人，足见其火爆程度。

其实，决定一所学校发展的根本，并不完全在于资金的多寡、师资的优劣、生源的好坏，而在于课程设计是否适应学生的选择。磁石学校为部分学生将来的择业和发展提供了极大可能，因而成为快速改变一所薄弱学校的一剂灵丹妙药。

教育，从 21 岁开始

一位朋友向我介绍了一位卓有成就的律师。这位律师告诉我，他的教育是从 21 岁开始的。

在小学阶段，他的学习成绩一塌糊涂，数学考试从来没有超过 8 分。那时还没有实行九年义务教育，如果不是父亲走后门，他小学肯定不能毕业，初中、高中肯定读不了。他稀里糊涂地读完了中学。同学考上了大学，自然要请客。看到同学进入大学学习，他心里隐隐作痛。

他的父亲在改革开放初期开办工厂，赚了不少钱。他混到 21 岁，终于发现自己还是有高考心结。于是，他来到北京，找了一所大学旁听，同时报名参加了自学考试。

他说，他就在 21 岁时突然顿悟：原来学习如此有意思！通过自学，他两年拿到了专科文凭，再两年拿到了本科文凭，接着考上了北京某高校法律系的硕士生。毕业后，考取了美国一所高校的工商管理硕士，读了两年后回到苏南的家乡，开办了一家律师事务所，事业越做越大。

他说，他 21 岁前的学习都是作废的。这使我想到了一个问题——个性化学习永远是教育的本质。

我们都承认人与人是不一样的，每个人的学习方式也是不一样的。但是，我们的教学起点、授课内容和教学方式都是一样的。在这种高度统一的"加工车间"式的学校里，我们培养出来的人必然带着共性的印记，同时我们也悄悄地磨掉了人的个性。

当然，要改变目前的教育体制和教育方式是很难的；但是，教师和家长在对待孩子时，可以更多地考虑孩子的个性。

人的学习，可以从21岁开始。那么，我们为什么就不能等待那些六七岁的孩子呢？

不要把学校教育看得那么神圣

与高中同学一起吃饭时，他给我讲了一个真实的故事。

他兄弟两人打小喜欢读书，学习认真，成绩突出，中学、大学一路往上升，毕业后分别在北京、上海有了体面的工作，一直是家乡人的骄傲、下辈人学习的榜样。

而姑姑家的两个表兄弟与他们年龄差不多，却打小不喜读书，小学没有读完就辍学回家种地、种菜。改革开放后，这哥俩先是承包土地，后来外出做生意，成了村里首批万元户。后来他们开办织布厂，做起了国际贸易，与日本、韩国打交道，发家致富。现在哥俩是当地有名的企业家、慈善家，为村里修路、建学校捐助了不少钱，深得乡邻的称赞和仰慕。

这表兄弟四人，谁更成功？谁对社会贡献更大？

很难用一个指标去衡量。其中两个人受过良好的学校教育，而另外两个人则没有。从这没上过大学的两兄弟的经历来看，我们不要把学校教育看得那么神圣。

教育是什么？教育就是孩子们生长、生活的全部。

一次我去北京永定河边上的园博园参观，看到一个场景：一些孩子玩起了供游客观赏的装饰品，甚至将其撕下来拿在手里玩。学校教育有什么用？我们老师在课堂上、班会上认认真真教育他们，而他们一回到家里，一进入社会，却变成了另一个样子，而家长对此却熟视无睹！

美国行为主义心理学家华生说："给我一打健全的儿童、一个由我支配的环境，我可以保证，无论这些儿童的祖先如何，我都可以把他们培养成为任何一种人，或者是政治家、军人、律师，或者是乞丐、盗贼。"

华生强调了环境对人的发展的作用。学校仅仅是一个人的生长环境的一部分。所以，我们不必把学校教育看得过于神圣，甚至依赖学校教育。

三

我们需要一些血性教育

2015年修订的《中小学生守则》与原来相比更详细，更具体，可操作性更强，但遗憾的是缺少诸如"勇敢""不屈""进取""担当"之类的要求。

这些年，随着人们人权意识的觉醒和维权意识越来越强烈，加上一些学校安全事故的发生，在社会、家长和政府部门的合力作用下，学校教育发生了扭曲——因为怕担责任，应该进行的教育不敢进行或简化了，因为只有把孩子们关在教室里，才能保证他们的安全，教育部门、校长和教师也不用承担任何责任。

在山东时，有一年家长告我们的状，是因为一位美国来的教师上课时，让孩子们脱掉鞋子在地板上表演。你看，连这样的事情都要告到教育部门，找到学校！

在这样的大环境的压力下，我们会忽略很多教育机会。有一次下毛毛雨，主管德育工作的老师说："今天天气不好，就不升旗了吧。"我问："为什么？孩子们一点儿风雨都不经历，将来还能干什么？"她说："万一有孩子感冒了，家长又该告我们了。"我一听言之有理，就说："那就取消吧。"

发生在校园里的这样的事情很多。然而，人在成长过程中是要经历不同环境的，我们不可能像在温室里养花那样育人。如果我们剥夺了孩子们应该面对的困难、问题以及恶劣的环境，其实就剥夺了他们完整成长的过程。

有一年冬天我去日本北海道的一所学校访问，这天正好下雪，操场上白茫茫的，校长命令全校停课，不论男孩、女孩都走出教室，脱掉鞋子，在雪地里跑五圈。

如果这件事发生在中国，家长早就告到教育部门，校长能不能当下去都会成为问题！

今天这种规避性的教育，让孩子们缺失了一些血性的东西，缺失了勇敢、坚忍、担当的品性。

我们是要"教育改革"，还是要"学校变革"

2016年，学界、教育界对"第 × 次教育改革"进行批评，说"十年课改失败了"。

于是，新一轮的教育改革又要开始了！

西方国家则很少提"教育改革"，一般提的是"学校变革"。

"教育改革"往往是自上而下的大动作，激进式、高效率的全民运动，而"学校变革"常常是学校内部、渐进式、小幅度不断优化的过程。

其实，不论是"教育改革"还是"学校变革"，都是一个永恒的主题。因为教育属于上层建筑，是为经济基础服务的。或者说学校必须适应社会的不断发展，不停地做出反应，才具有存在的价值。农业社会、工业社会、知识社会和智能社会必须有与之相匹配的教育形态，才能培养出适应不同社会的公民和人才，促进社会不断发展。

自现代教育诞生以来，"教育改革"或"学校变革"就在不断地发生。问题是：我们是要"教育改革"，还是"学校变革"？这是一个必须认真对待的问题。

三

不要被"问题山"挡住

学校发展是一个永恒的主题，学校变革永远不可止步，因为学校必须不断调整以适应社会发展的要求。

学校要发展，就要有规划、有目标、有步骤、有方法地开展工作。我们每学年都会安排好多工作，有些比较容易，而有些颇具难度，我们常常会遇到"问题山"。

《愚公移山》里的愚公，就碰到了"问题山"。他是怎么解决的？他带领子子孙孙生命不息，挖山不止。这种精神固然可嘉，但是方法出了问题。智叟则讲究方法，他不采用费时耗力挖山的办法，而是把自己的房子搬到山前去，这样山就挡不住自己了。

其实，做任何事情，都要讲究方法，讲究效率，讲究结果。如果我们做一项工作拖拖拉拉，裹足不前，始终强调困难、问题、阻力、障碍，这项工作就被"问题山"挡住，做不下去了。试想，如果每项工作都是这样，学校还能发展吗？学校还能存续吗？

有句话叫"先开枪，再瞄准"。也就是说，一项工作即使有困难、有问题、有障碍，时机还不成熟，环境还不支持，条件还不具备，也无妨。只要掌握了规律，摸透了情况，大方向正确，就可以先做起来，一边做一边解决困难，最终就会把事情做成功。如果慢慢地等待，慢慢地瞄准，到了该放枪的时候，时机也许就过去了，机遇也许就丧失了。

所以，做一项工作时，不要让"问题山"挡住，需要绕山时就绕过去，需要爬山时就爬过去，需要开路时就开过去！

学校是如何把一些孩子"打"回家去的

今天的学校使用了两把"软刀子"，把一些孩子"打"回家去了。我认为，高度统一的教材、上课、考试是第一把"软刀子"。在这把"软刀子"挥舞时，那些智力或习惯有问题的孩子就纷纷中刀了。对孩子的体罚、变相体罚、语言暴力、心灵摧残等是第二把"软刀子"，这把"软刀子"把很多孩子"打"回家去了。

我在农村学校当校长时，有一天，一个男生辍学回家了。我听说后决定去家访，动员他返校学习。我到他家后，家长告诉我，孩子在村后的窑厂里干活。于是，我又到窑厂去找他。窑厂高大的烟囱吐着白烟，偌大的场地上码着一排一排的砖坯。我看到那个男生正在帮一个壮汉拉车子,在炎热的太阳底下,他躬着单薄的身子,吃力地走着,满头大汗。我叫住他,和他坐到了树荫下,我问:"不愿意上学了,肯定有自己的理由。快说给我听听。"他说:"天天坐在教室里,特别是数学课上,我什么也听不懂,真是活受罪!回家干活虽然很累,但是我心里高兴。"我明白了,这是学校用第一把"软刀子"把孩子"打"回家去了。可以想象,一个人无所事事地坐在那里一节课一节课地熬,并且不准乱动,熬上一年、两年……这与蹲监狱又有什么区别?君不见,有多少孩子不愿意上学是因为学不进去了。

一天一位朋友给我讲了一个真实的故事。20世纪90年代,他在一所农村学校做初中班主任的时候,为了追求考试成绩,每次考试后都实行全班大排名。有一天,总是排名最后的那个孩子终于不来上学了。这位朋友直到今天还为自己的这种教育行为后悔莫及。这是用第二把"软刀子"把孩子"打"回家去了!

今天不论在城市还是在乡村,学校始终在挥舞着这两把"软刀子",只不过它们出现了好多变体而已。

三

谁有权决定教学这件事

有一年我到芬兰的学校访问,看到每一位老师都在研发自己的教材,甚至一所学校内两个相邻的平行班用的教学材料都不一样。我问一位政府教育主管:"没有统一教材、教参,能够保证每一所学校、每一个班级的教学质量吗?"他说:"我们的政府、社会和家长都相信每一位老师的专业性,相信他们能够教好每一个孩子。"他们无限相信教师的专业能力,所以把教学的权力赋予了教师。

我们则没有把教学的权力赋予教师。

我校一位科学老师根据教学需要,组织孩子们观察蜗牛。为了实现真正的"课堂观察",发生真正的学习,这位老师准备了一些蜗牛,还建议孩子们回家找到蜗牛的话,也可以拿到教室里做"共享观察"。一位家长可能遇到了不顺心的事,当孩子提出这样的问题——如何才能找到一只蜗牛时,便生气了,开始抱怨学校和老师:"大冷的天,到哪里去找蜗牛?"随后又在微信朋友圈里发泄不满。此事被一位记者"嗅"到,他马上以"学校的奇葩课程"为题在北京某大报上发表文章,并配上了某高校知名专家对"奇葩课程"的评论,甚至连我们的"面食节"等实践课程也被否定了。

此事让我们的老师很难过。如果把"观察蜗牛"这样的科学教学视为"奇葩课程"、把让孩子们回家完成一些实践作业视为"奇葩课程"而加以指责,那么,学校和老师还有没有权力组织教学,还有没有权力选择教学方式?

教学是一项非常专业的工作,需要专业人士来做。每个学科老师,通过不断的专业学习了解国家课程标准和教材的要求,因为天天跟个性不一的孩子打交道而了解孩子,因为天天组织教学而清楚采用什么样的教学方式更有利于孩子的学习……然而,现今,教学好像成了非专业人士的事,那些几乎从未进过课堂、不熟悉孩子、没有教过小学的官员、专家、学者、媒体人和家长等,反而在操纵教学,指挥教学,评价教学,甚至指责教学!

说实话,作为校长,我天天在校园里观察,在课堂上观课,但在进行学科专业层面的决策时,还是会小心地征求学科老师的看法和意见。

教育是有章法的,只有遵循章法,才能持续发展。教什么、教到什么程度、如何教，都应该由老师说了算——老师才有权决定教学这件事！如果把教学的指挥权、组织权、评价权交给非专业人士，那将非常危险！

三 追问考试的价值

早上碰到一个二年级的孩子，我问他："马上要考试了，有没有压力？"孩子回答："有一点儿压力，我害怕考不好。"

"考、考、考，学校的法宝；分、分、分，学生的命根。"小升初、中考、高考、入职考试、留学考试、公务员考试……在中国，很多时候相差一分就决定了人们将处在不同的社会层级。考试的确成为老师和学生的一种压力、一种心痛、一种无奈。于是，近几年出现了众多反对考试的声音，如禁止小学统一考试、要求改变考试方式。然而，只要是评价，不论它如何变化，孩子们的压力依然存在。

在小学阶段，我们究竟要不要考试？

考试是教学的环节之一，是对教学进行检测与评价的方式之一，老师教得如何、学生学得怎样，通过考试这把尺子总体上可以测量出来。如果没有考试，没有检测，没有评价，我敢说，好好教书、认真学习，将会受到严峻挑战。考试具有重要的价值，不可以取消。

只是当我们把考试变成完全功利化的工具时，考试就发生了异化。考试本身并没有错，作为教学的重要环节之一，作为对学习者知识掌握、能力形成情况的检测，作为社会选拔人才的工具，考试是必须存在的。

三 人生的黄金阅读时光在童年

在开学后学生社团"小作家班"的第一节课上，我逐个询问了孩子们的寒假生活。除了海外游学、上社会辅导班、完成寒假作业、和家人一块儿过年等安排外，他们都花费了较多时间阅读，除了阅读学校要求阅读的图书外，还阅读了自己喜欢的图书。其中一个女孩一口气读了五本《哈利·波特》。

这些是"小作家班"社团的孩子，他们是文学爱好者，喜欢阅读。其他孩子在寒假读了多少书，还是一个问号。因为许多家长认为，让孩子花费时间读书，不如到社会辅导班去学知识更有效。

这实在是一个很大的认识误区。

这几年大家都在推动全民阅读，好多城市设有阅读推广中心，但全民阅读之路依然困难重重。为什么？因为中国人不喜读书由来已久。据林克艾普大数据分析，2015年，我国成年人图书阅读率仅为58.4%，我国人均纸质图书阅读量为4.58本，注意：其中包括教材教辅。据不完全统计，犹太人以年人均阅读量64本雄踞世界首位，日本、法国、韩国的年人均阅读量分别为40本、20本、11本。

有人说我国人均纸质图书阅读量很小，或许是因为电子阅读量越来越大。但纸质图书阅读和电子阅读却不是一回事。我把纸质图书阅读称为"美食"，把电子阅读称为"快餐"，两者营养不一样，经常吃快餐的人身体一定会出问题。

为什么很多中国成年人不喜欢读书？

我想，主要是因为错过了阅读的黄金期。这与童年时期没有建立起阅读兴趣、阅读习惯，没有积累一定的阅读量有高度相关性。

如果小时候就不喜欢读书，等到成年时就很难建立起阅读兴趣和阅读习惯了。一项调查显示，喜欢买书、读书、藏书的人，90%以上是在童年时期就已经形成了阅读习惯的。不喜欢买书、读书、藏书的人，90%以上在童年时期就没有阅读习惯，所以一生都难以建立起阅读兴趣。

政府和一些社会组织都在大力推进全民阅读活动，但收效甚微，就是这个原因。

大量事实与数据说明，人生的黄金阅读时光在童年——抓住了童年的阅读，就解决了一生的阅读，就会打开全民阅读之门。

一般来说，儿童进入二年级大约认识2000个汉字，如果借助拼音，阅读整本书是没有多少障碍的。二年级到六年级，即7到12岁，是人一生中最为天真也最为淡定的岁月，那时人没有什么功利思想和社会压力，只要引领他进入阅读世界，他就可以心无旁骛、一心一意、真正地自由阅读，在积累语言文字的同时，浸入故事和人物的情感世界，吸纳精华，丰富纯洁的心灵，谱写幸福的人生乐章。

一旦进入中学，随着学习科目的增多，面对绕不过去的升学压力，人就再也无法淡定地自由阅读了。到了大学，很多人以为进入了"解放区"，忙着学专业、谈恋爱、找工作、寻创业等，就很难静下心来自由阅读了！工作以后，忙忙碌碌；成家立业后，就更少闲暇自由阅读了。所以，小学是养成读书习惯和大量阅读的黄金期、关键期。对大部分人来说，错过这一时期，就错过了一生的阅读。

一个不读书的人、一个不读书的民族，一定是没有希望的。不论学校教育还是家庭教育，只有抓住阅读的黄金期，把阅读兴趣的培养、阅读习惯的建立以及大量的阅读看得比什么都重要，才能让人培养起一生的阅读习惯。而只有人人都喜欢阅读的民族，才是具有人文素养和创造力的民族！

还给孩子们一个挺拔的腰身

20世纪80年代我到香港一些中小学访问,看到小学生上学、放学都拉着一个大箱子,觉得奇怪,就问一位校长这是怎么回事。这位校长告诉我们,因为课本与学习材料太多,为防止压弯腰,学生就拉着行李箱上学。

近些年来,内地学生的书包也越来越重,背不动了,于是有的学生也拉起了箱子去上学……

学生长期负重,不仅可能造成颈背部肌肉劳损,还可能影响椎间关节的骨骺发育,造成骨骺慢性损伤。骨骺是决定人骨骼发育、身高发育的重要部位,骨骺慢性损伤会导致骨骺线过早闭合,从而导致人的身高发育迟缓甚至停止。

据报道,上海市金山区随机整群抽取区内五所小学,再从五所小学的每个年级随机抽取一个班级,抽中班级的所有学生参与调查:测量一周内周一和任意一天早晨上学时的书包总重、书包内所有书本重量、当日必备书本重量、水杯及饮水的重量,周五放学时测量学生离开教室时的书包总重及书包净重。学生体重数据由体检机构在该时段进行体检并提供。结果周一、任意一天、周五学生书包平均总重为4.229千克,4.245千克,4.135千克;不同上学日书包总重的超重率随年级增加而递减,一年级超重率超过90%,而五年级约为50%,且女生超重率明显大于男生;每日书包重量必需组成部分约占书包总重的40%,其他书本资料、水杯及饮水、杂物约占60%;上学、放学时书包直接背在学生身上的比例约为37.0%,负重时间主要为0~10分钟。结论:金山区小学生书包超重问题严重。

我每天早上在学校门口观察学生的书包，发现什么样的都有，有背的、拉杆箱式的，还有背着、提着三个包的。有时候我会抽样估重，查看书包内的物品。

小学生的书包为什么过重？我想有四个原因。

一是国家规定的科目越来越多，教材也越来越多，加上地方教材和校本教材也越来越多，因此书包就重起来了。如果家长不认真看课表，就会把当天用和不用的教材都放进书包里。有的家长为了以不变应万变——学校会因教师外出培训、参加活动、生病等因素临时调课，还是让孩子将教材全部带上。实际上，书包里有些东西是没必要带的。

二是随着社会实践课程的增加和学习方式的变化，回家手工作业、材料准备等实践性作业，均要带到学校去，再加上学校发放的评价表、家校联系册等，进一步增加了书包重量。

三是随着生活水平的提升以及对孩子生活质量的关注，家长为孩子准备了许多高档生活、学习用品，这些用品也较重。

四是随着社会辅导班、托管班越来越热，好多学生放学后游走在不同的社会辅导班、托管班之间，与这些班相关的教材、作业、乐器等也会增加学生书包的重量。

然而，长期背负过重的书包，会让孩子的脊椎变形。据专家介绍，书包的重量应控制在孩子体重的10%以内。但实际上学校不问，家长不管，社会不顾，孩子们天天背着沉重的书包在学校、家庭、社会辅导班之间匆忙地奔走。目前来看，要解决书包过重问题，还孩子们健康，不能指望书包本身减重，必须有一个更好的解决方案。

2018年我们学校的新年欢乐节课程，内容之一就是给每个孩子定做了一个"玉泉书包"，我们考虑到儿童的特点、喜好，依据美观、安全、实用、结实等原则设计和制作了可以单肩挎背、双肩背、手提的书包，作为新年礼物送给每一个孩子。我们的设想是：周一早上孩子们把自己沉重的书包（带齐所有教材和学习用品）放到教室里，挂到专门定制的挂钩上，上课前取出需要的教材和其他材料以及学习用品。当放学回家时，只把需要带回家预习、复习、完成作业的教材和作业本以及学习、生活用品放进"玉泉书包"里即可。利用这样一种"母、子书包"的方式即可实现减负。我们计算了一下，这样能够减重三分之二，基本上可以将书包重量控制在孩子体重的 10% 以内。为了达到这样的目的，我专门在致孩子的一封信里做出使用说明。

  为了鼓励你们好好读书，今年的新年欢乐节，校长送给你们两件非常重要的礼物：一个是"玉泉书袋"，用来存放书籍，可以挂到床头、车内等处，方便随手读书。一个是"玉泉书包"。你们天天背着沉重的书包，不利于健康。今后，你们可以把沉重的书包放在教室里，用特为你们定制的"玉泉书包"把每天回家要用的书和作业带回家，不用的其他书和材料可以放在教室里。这样，可以减轻书包重量，让你们长成一个健康的腰身。

元旦假期后上学第一天，根据粗略统计，四个校区使用"玉泉书包"的孩子加起来占不到 5%，孩子们依然背着自己沉重的书包来到学校，再背起沉重的书包回家或穿行于各种辅导班之间，我们等于白白费了心思，花了冤枉钱。

看来，不解决家长的认识问题，即使学校配发了减负书包，也是枉然。

书包减负，还需要家长配合。

把孩子培养好才是最辉煌的事业

一个六年级的男生,经常在班里用钱"购买"服务,譬如,轮到自己做值日生了,就叫某个同学替自己打扫卫生。班主任老师发现这一情况后立即与家长沟通,要求家长加强钱财管理,加强对孩子的教育。家长可能在社会上混惯了,不仅没有接受要求,反而与班主任老师闹起了矛盾。

问题反映到我这里。于是,我约这位在事业上颇有成就的家长,想与他聊一聊孩子的事情。

和藐视学校教育、不尊重教师专业的家长聊天,最好的话题是从他辉煌的事业开始。

我问:"现在您的公司有多少员工?"

他自豪地说:"光本科生就有30多个!"

我说:"干得不错!一年的营业额能达到多少?"

他略显谦虚地说:"也就一个多亿吧。"

我再问:"那估计一年的利润在两千万左右吧。我想问一个问题:你把企业做这么大,挣这么多钱,究竟是为了什么?"

他迷惑地望了我一眼,扳着指头算账:"给国家交税,养一些人,自己在社会上有面子,自己一家的生活过得好一点儿吧。"

他又补充了一句:"财富将来留给孩子呗。"

我说:"如果孩子是一个好孩子,将来可以继续把事业做大;如果孩子是一个有问题的孩子,我估计即使留给他几十个亿,到了某个赌场,恐怕不用一年也就输没了。"

他的脸色有些凝重,嘴角有些抽动。

我们究竟应该给孩子留下什么？是品质和素养，还是一堆金钱？我认为金钱之类的物质财富不是最有用的，最有用的应该是精神财富——一个有德行、有智慧的人，将来才是最不愁钱的，才最有可能拥有一生的幸福。

这个用钱解决问题的孩子现在才上六年级，如果家长不及时改正教育方法，将来他会怎么样，真的无法预测，但有一点几乎可以肯定：一定会是一个坑爹的孩子！

家长今天拼命挣钱，忙于事业，不关注孩子的成长，不陪同孩子长大，甚至培养出一个败家子来，事业做大了又怎样？

像这样自以为是的家长，对孩子的教育不仅不管，而且当学校按照教育规律对孩子进行教育或者批评时，还冲学校发脾气，抱怨老师，抱怨学校，这不就是在培养败家子吗？

今天，不论官有多大，钱有多少，业务有多精，能力有多强，名声有多响，我认为，都不是你最辉煌的事业，你最辉煌的事业应该是成功地培养孩子。因为只有每个家庭把每个孩子都培养成功，我们的家庭才幸福，我们的国家才有奔头，我们的未来才有希望！

制定特殊儿童上学标准势在必行

有一个患有自闭症的孩子，不能控制自己，甚至有一些攻击性的行为，严重影响和干扰了正常的课堂教学秩序，有时老师要处理这个孩子的问题而致使教学无法进行下去。

其间，学校的心理老师对孩子进行跟踪研究，给孩子建立档案，定期带孩子到资源教室进行必要的感统训练和干预等，但是效果并不明显。

为了不影响课堂教学，保护其他孩子的学习权益，学校要求家长陪读。然而，家长陪读没有多大效果，这个孩子干扰课堂教学、攻击同学的行为继续发生。

长期如此，就引起了其他家长的强烈不满，家委会多次反映到学校，要求学校给予解决。然而按照《中华人民共和国义务教育法》（下称《义务教育法》）和教育部门的要求，学校是没有权力拒绝任何适龄儿童接受义务教育的。学校只好联系特殊教育学校，建议这个孩子的家长带孩子去尝试一下；但是家长出于自身经济困难的考虑，仍然要求让孩子留在学校随班就读。

于是，这个班出现了这样一个现象：只要这个孩子到校上学，其他孩子就不来上学；只要这个孩子不来，其他孩子则正常上学。这样，就形成了一个僵局：这个孩子的家长坚持让孩子在原班就读，而其他家长则认为自己孩子的发展权益受到了侵犯，要求学校解决问题；学校唯一可做的就是将双方拉在一起开展对话，以寻找更好的解决办法。

那么，问题究竟出在哪里？

《义务教育法》第十九条规定："普通学校应当接收具有接受普通教育能力的残疾适龄儿童、少年随班就读，并为其学习、康复提供帮助。"其中"具有接受普通教育能力的残疾适龄儿童、少年"的标准是什么？由谁来鉴定？因为这一条没有释法，现在各级教育部门的实际做法是：只要家长拒绝将特殊儿童送到特殊教育学校，普通学校就必须接收，因为家校双方谁也无法判断这个儿童到哪里上学更好。

我曾考察和研究过美国休斯敦的特殊儿童教育机制，他们首先制定一个特殊儿童评估标准，然后请中立的专家团队进行评估，最后根据评估结果决定是让特殊儿童在普通学校随班就读还是将其送到特殊教育学校进行专门教育（既不是由特殊儿童家长说了算，也不是由其他儿童家长说了算）。如果让特殊儿童在普通学校随班就读，或者将特殊儿童单独编班，联邦政府就会拨款，发放专项经费，聘请专业教师等，对特殊儿童给予支持。

我国自闭症患者的数量在不断升高。维护每个儿童接受义务教育的权利，让每个儿童平等地成长，既是国家意志，也是未来社会的需要。然而，既要维护特殊儿童接受义务教育的权利，也要维护正常儿童接受教育的权利，按照目前的政策，我们很难做到这一点。

因此，我国应制定针对特殊儿童的上学标准，各级政府教育部门应引进第三方按照标准对有关儿童进行评估，以此决定特殊儿童究竟应该到哪里去上学。

三

要在回应社会诉求与遵循办学规律之间寻求平衡

"两会"期间，各级各地教育部门纷纷出招，力图解决下午放学后孩子的看护问题，以解决上班族家长放学后孩子无人看管的难题。譬如，某市规定，家长可以选择让孩子在学校待到下午6:00再去接走孩子。

然而，我们必须慎重行事，在满足社会诉求的时候，要敬畏和尊重办学规律。因为在资源和条件等尚未具备的前提下，一味地回应社会诉求，就会违反办学规律，不仅达不到应有的效果，反而会适得其反。

党的十九大报告要求"努力让每个孩子都能享有公平而有质量的教育"。如何落实这一要求？主要是通过办优质的学校教育。而要办优质的学校教育，就必须敬畏和尊重办学规律。如果连办学都不能正常进行了，那么，何来教育质量，何来教育公平？

办学规律，一般有这样几个方面。一是学校运行规律。学校运行是结构化、规定性的。如果打破这个规律，就无法保证校园的秩序与安全。二是教学规律。学科教学、课时安排、课程资源保障、师资队伍建设等是互相支撑的、完整的体系。肢解了这个体系，就无法保证课堂教学质量。三是儿童发展规律。儿童在什么年龄就有什么样的认知结构和道德水平。不遵循儿童发展规律，就无法落实立德树人的根本任务。四是教师发展规律。教师群体是办学的主体，教师的品行和能力决定了儿童的发展水平。

办好学校的核心要素是校长等管理者和任课教师。如果没有一支数量足够、质量合格、结构合理、师德高尚、相对稳定的教师队伍，是不可能办好学校教育的。

所以，必须尊重教学规律。假如一位教师从早上7:00来到学校（虽然规定学生早上8:00到校，但许多家长6:30就把孩子送到学校了，所以教师必须提前到学校管理学生），上午上课，中午看班，下午上课，放学后还有一小时的托管课程，再加上看护学生直到下午6:00、7:00或更晚，一天的工作时间已经有十几个小时。

教师每天是与未成年人打交道，不仅身体累，而且心累。我们暂且不提《中华人民共和国劳动法》的规定，只是想一想：如此长的工作时间和超负荷的工作强度，教师的体力和精力支撑得住吗？他们还能够很好地完成日常教学和管理工作吗？他们怎么照顾自己的家庭和孩子？

要保证教学质量，教师不仅需要拥有健康的身体和饱满的精力，还要具有精湛的教学艺术和课堂驾驭能力。上海在2009、2012年的国际学生评估项目中，成绩都很优秀，国外的考察团因此纷至沓来，他们有一个关注重点是教师的日常教学实践。上海还参与了教师教学国际调查，这次调查揭开了上海教育的一个特色——"集思广益的教学过程：确保课堂的普遍优质"。这一特色也是中国基础教育的一个特色，即教师的集体教研活动，它能确保每位教师的教学都有效。

然而，教师的集体教研活动是需要时间和空间的。如果课后看护学生的时间过长，教师就没有时间参加集体教研活动。

学生下午放学后的时间如何度过，是一个世界性难题。国外学生的课后管理，一般采用两种模式。一是将学生交由社会管理。在新加坡、日本、韩国、加拿大等国家，学生课后往往去社会管理班或回家，加拿大的一些地方由社区承担起管理责任。二是学生有选择地留在学校，等家长下班后接走。一般学校开设艺术、体育和科技方面的兴趣社团。这些社团有些委托社会机构来学校开办，由家长付费；有些则由志愿者免费开办，由家长自愿选择参加。这两种模式的共同点是学校教师不再参与其中，以保证其体力、精力，从而确保教育教学的正常运行。

当然，中国有自己的国情，可以创造自己的特色，但必须在回应社会诉求和遵循办学规律之间寻求平衡。

前几年的做法是向家长收取一定的费用，让学生留在学校里写作业或进行辅导。许多学校采用购买社会服务的方式，学校只有少量管理者参与，以确保学校教育教学的正常运行。但是由于出现了学校与社会机构合作牟利，乱发奖金、补助等问题，该做法不断遭到家长的反对，最终被取消了。之后，家长只好把孩子送到社会托管机构，这不仅加重了家长的经济负担，而且家长担心保证不了孩子的安全与托管质量，所以又开始反映这一问题，提出让孩子放学后留在学校里的诉求。

问题是，如果放学后学生继续留在学校里，就需要校长等管理者和教师留在学校里，组织学生或者写作业或者读书，保证学生的安全。这会打破学校运行规律。如果有家长因为有急事很晚才能来学校接孩子，教师就必须留下来看护这个孩子，那么，这位教师第二天的工作如何安排？如果要求他按时上班，就是不讲人情，甚至会违法。如果让他调休，他的班级管理和学科教学怎么办？谁来顶替？虽然这只是特例，但是一所学校有上千个家长，每天不能按时接走孩子的绝对会有，甚至会有多个。

再者，教师的集体教研、培训、个别谈话和教师大会等管理活动如何运行与安排？假如这些不能正常运行与安排，就会制约教师的发展和教育质量的提升。

所以，各级地方政府回应社会诉求不是不行，但不能向中小学"一推了之"。这违反了办学规律，让教师不堪重负，因此必须另想办法。

我认为，要想在回应社会诉求与遵循办学规律之间寻求平衡，就应通过立法从根本上解决这一社会性问题、世界性难题。要明确以下问题：政府的责任是什么，是无限的还是有限的？政府的经费支持有多少，它属于税收的哪一部分，占税收的多大比例，如何拨付，是直接拨付给学校还是直接拨付给家长？学校的职责和边界是什么？学校如何无偿提供空间与资源，如何维护正常的教学秩序，如何提供公平而有质量的教育？家长的职责是什么？家长的义务和诉求边界是什么？家长需要负担什么？家长所在的单位应提供什么支持，有什么义务？对社会服务机构的规范是什么，要求是什么？如何监管？如何提高质量，保证学生的安全？等等。

我们应该遵循办学规律，防止在条件不具备的情况下任性而为，违反办学规律。

父亲，麦田的守望者

是父亲在秋季的田野里播下种子，然后在麦浪的翻滚中挥舞着镰刀，收获那些金色的、饱满的麦穗。假如没有父亲，我们就没有麦田，就没有收获，就没有人类的繁衍、昌盛。

有什么样的父亲，就有什么样的孩子；有什么样的孩子，就有什么样的民族。父亲，对个人和人类来说，是多么重要！父亲永远是儿童成长和民族麦田的守望者。

我想起小时候父亲对我的影响。20世纪50年代，父亲师范毕业后支援沂蒙山区，到五莲的大山里当了一名教师，而我们和母亲则居住在位于胶莱平原的高密。我们是听着父亲的故事长大的。譬如，一天天黑了，父亲在从一所学校到另一所学校的路上碰到了一只狼。父亲并没有恐惧，而是勇敢地向狼走去，离狼还有十几米的时候，摸出上体育课用的哨子，猛地吹起来，哨声把狼吓跑了。父亲的胆量、勇敢和智慧无形中传递给了我们。

也许是受到父亲的影响，也可能是秉性使然，我具有很强的正义感和责任感，路遇不平，一定会"拔刀相助"。譬如，一次为了保护学生，我与一个骑摩托车冲撞学生的人发生冲突，挥拳打了那个人。我这种行为不知不觉影响了女儿。一次开车外出，碰到一个不讲理的人，女儿居然敢上前与他理论，纠正其不道德行为。妈妈怕女儿多管闲事吃亏，一再抱怨我影响了女儿，我笑笑："有乃父之风！"

父亲就是一座高山——其品格和道德有多高，孩子的品格和道德就能有多高。父亲勤劳、善良、正直、勇敢、有担当，孩子一般就不会懒惰、歹毒、歪斜、胆怯、爱推脱。

父亲就是一座大山——其视野有多远，胸怀有多宽，孩子的视野就有多远，胸怀就有多宽。父亲慈爱、友善、心胸开阔、气量宏大、志向高远，孩子一般就不会对人使坏、性情恶劣、心胸狭窄、小肚鸡肠、目光短浅。

父亲就是一座石山——坚如磐石，是家庭的顶梁柱，是孩子的保护神，是事业的开拓者。父亲勇于担当，敢于负责，事业有成，顶天立地，拥有良好的人际关系，孩子一般就会有依恋感、安全感、自豪感和幸福感。

一天，一位班主任老师领着一个孩子来找我，说："校长，您看看这个孩子被他父亲打得。孩子的脸上、身上都伤痕累累。"我很心痛，也很生气，就约谈了孩子的父亲。孩子的父亲对我说："校长，我知道我错了，但是我控制不住自己，因为我的父亲当年也是这样打我的，所以今天我又这样打孩子……"

一位父亲现在的样子，其实往往就是孩子长大后的样子。

我想说："父亲们，负起做父亲的责任吧，因为你们是我们民族麦田的守望者！"

建立人格平等的亲子关系

放寒假了，好多家长和孩子在一起久了，亲子关系就紧张起来。一位家长对我说："一个孩子就够烦的，也不知道班主任老师带着40多个小家伙是怎么整的——不放假多好！"

美国心理学家科尔伯格要儿童对"海因茨难题"做出判断并陈述判断的理由，从而探讨儿童对道德判断的内在认知心理历程。结果他认为，儿童普遍存在道德判断与行为不一致的现象；但是，儿童的道德判断能力越强，其道德判断与行为的一致性程度就越高。

据网上消息，一名一年级的小学生由于不满爸爸因为写作业训斥他，趁爸爸洗澡时拍下其裸照发到班级家长群里。这个孩子显然存在道德判断与行为不一致的问题。

然而,众多家长并不了解儿童的道德发展阶段,总是以成人的道德水平和思维方式去要求孩子,从而让孩子的道德判断背离正常的发展阶段,伤害孩子的心灵,扭曲孩子的人格。

亲子关系必须建立在人格平等之上,家长只有虚心地遵循儿童成长规律,才能促进孩子健康成长。

第一,家长要平等地对待孩子。虽然成人与儿童在年龄、道德水平、知识、阅历、自控能力、智慧等方面存在巨大差异,但在人格上应该是平等的。家长需要把身段放低,与孩子平等地交流,民主地协商。专制的教育方式是行不通的,弄不好还会培养出另一个专制主义者。

第二,家长要容许孩子犯错误。孩子是成长中的人,也是不完善的人。正因为如此,孩子需要我们成人的帮助。贪玩、调皮、搞破坏、不听话、完不成作业等,都属于孩子正常发展阶段的问题。我们只有理解孩子、尊重孩子,认识到孩子处于特定的道德发展阶段,才会有更好的方法与孩子相处。与孩子叫板、打孩子、对孩子进行心灵摧残,只会伤害孩子,甚至影响其一生。

第三,家长要懂一些儿童心理学。小学一般分为低、中、高三个阶段,这三个阶段儿童的身体发育、认知能力和道德水平存在巨大的差异。譬如,儿童越向高年级阶段发展,伙伴关系就变得越重要,甚至比亲子关系还重要,家长的话有时不如同学的话对孩子影响大。如果家长不懂儿童心理学,总是以成人的道德水平和思维方式去要求孩子,就可能导致孩子出现"坑爹"行为。

V

教育的行动

把学校"扛"起来

这两天是一年级招生的日子。

面对一年一次的招生大战,学校"如临大敌",尽管制定了缜密的方案,配备了充足的人员,还有警察的协助等,但我们还是常常忙得焦头烂额。

早上5点就开始有家长在分校门口排队,这天按照规定程序,我们录了300多人,招生计划已基本完成。到下午6点,就有家长开始排第二天的队。第二天早晨,一位80岁的老爷子在义务写号、放号,为排队的人们提供服务,并维持秩序。

上午,出现一个三代户,孙子、外孙女的户口都在老人的户口名下,招生老师一看头都大了:学位有限,一家就有两个孩子入学,其他人怎么办?招生老师要求这一家排出一个顺序,先解决一个,结果导致兄妹红脸、老人着急。

中午12点,我巡视时发现还有30多个孩子没有登记完,饿了的"小豆包"们没了精神。我赶紧跑到餐厅把馒头全部拿出来,戴上分餐手套,为每个孩子送去半块馒头。一个孩子说:"真好吃!"他爸爸说:"如果你成为玉泉学子,就会经常吃到了!"家长不认识校长,一位老师向家长做了介绍,我听到家长们在说:"这个校长想得真周到,连我们都忘了孩子饿了!"

忙了两天,招生工作结束了,共有510多个小朋友报了玉泉小学。但是上课的教室不够!

我们今年只有8个班毕业,只腾出了8间教室,而教室的空间又小,充其量只能放320个孩子。怎么办?

请求上级部门协调一部分孩子出去？但协调有难度，很可能会引发社会问题。盖教室，扩学校？既没有地方，也来不及。

那天晚上，我迟迟没有入睡，在考虑怎么办的问题。我想，既然家长想方设法把孩子送进玉泉小学，就是希望孩子接受幸福教育。让每一个孩子都有学上，《义务教育法》没有错；家长追求良好的教育，也没有错。在这样一个特殊的背景下，不管有多难，只有我们自己把学校"扛"起来，才能让国家、社会、家长都满意。

当晚我和两位副校长通了电话，进行沟通，得到了他们的坚定支持。第二天我们召开学校办公会，决定扩招。下午，召开教师决策团会议，决策团的成员一致通过了扩招方案。在第三天的教师大会上，我又向全体教师做了解释，并号召全校教师团结起来，共同努力，一起把学校"扛"起来！

三

种好校园里的责任田

农村实行大包干后，把土地承包给一家一户，那块被承包的土地就成了责任田。如果管理不善，收成不好，一家就要挨饿受冻，所以农民知道自己肩上的责任，从来不偷奸耍滑。

尽管责任重大，但是面对大自然，农民有自己的哲学。天上下了一阵雹子，把庄稼打坏了，该扶起来的就扶起来，该补种的就补种，农民不去怨天尤人，因为他们知道怨天尤人是没有用的。夏天大雨下个不停，把责任田都淹了，农民就穿一件蓑衣蹲在地头，静静地等待天晴，因为他们知道着急也没有用。三伏天热得都透不过气来，但该去薅草了，农民就钻进庄稼地里去劳作，因为他们知道那是自己该下的功夫。总之，无论天气怎样，无论出了多少力气，无论是否有好的收成，农民几乎都不抱怨，因为他们知道如何与自然相处。

校园里，分工清楚，职责明确，评价方案清晰。实际上，校园也是我们的一份"责任田"。

然而，天天站在自己的责任田里，我们却不像农民那样淡定、沉稳，常常不断地抱怨：校长抱怨老师，老师抱怨家长，家长抱怨孩子，孩子抱怨老师，老师抱怨校长……

一位家长向我抱怨孩子不听话，喜欢玩，不愿意写作业等。我说，玩耍是孩子的天性，就像天要下雨一样正常，我们抱怨孩子干什么？与其抱怨，不如像农民站在田地里等待秋天庄稼成熟那样淡定地陪同孩子一起长大。所谓尊重教育规律，首先是尊重儿童发展规律。我认为，儿童发展最重要的就是要具有强烈的学习动机和探究行为。我们不要把儿童的学习窄化为知识学习，好像不写作业、不好好听课就不是学习似的，实际上玩耍也是一种学习——一种更高级的实践学习。如果我们的学习观出了问题，如过分强调重复机械的听讲、作业、考试等知识学习方式，反而会抑制孩子的学习兴趣和动力。

一位优秀的教师担任学校的中层干部，还兼任班主任和学科教学工作，见到我和我聊了几句后，就开始抱怨——学生难管理，家长事儿多，忙得团团转。我说，小学教师就是这样一个忙得团团转的职业，因为与大学、中学不一样，我们必须盯住孩子才不会出安全问题，我们必须努力教书才会有学业成绩，我们必须好好与家长打交道才能与家长一起把教育做好。是的，小学教师很忙碌，压力很大，需要付出很多，这就是我们目前面临的实际情况。我们是学校的"白（领）骨（干）精（英）"，显然必须更多地发挥作用，引导和带领其他教师前行，才能办出成绩。既然选择了小学教师职业，我们就要直面这个职业，淡定而沉静地对待它，耕种和守护好自己的责任田。

一位校长喜冲冲地和我说终于快要放假了，可以松一口气了。然后她就抱怨起了教师，说现在的教师素质越来越堪忧，不愿意多付出；又抱怨起了家长，说今天的家长不好惹，动不动就告状；还抱怨起了社会，说资金不足，资源不够，编制缺乏……然后问我："您不觉得校长这个活儿太累了，责任太大了吗？我真的干够了，干伤了！"我笑了，说："在其位，谋其政，我们既然做了校长，就必须对自己的这份责任田负责，没有必要去抱怨天抱怨地。如果嫌当校长受累，有压力，管理难度大，那就辞职好了。你既然承包了这份责任田，就要对收成负责！"

其实，我们教育工作者与农民有的一比。一年到头，农民忙着耕地、播种、施肥、浇水、捉虫、修枝、除草、收获、加工、冬藏……我们呢？一个学期学习、培训、备课、上课、改作业、辅导、考试、管理、分析、述职、总结、考核、奖惩……工作流程何其相似！

为什么农民不抱怨呢？因为他们有自己的哲学——那些需要做的活儿一件都不能少。譬如，如果有虫子不捉、不灭，庄稼就会被吃掉，被毁掉，就不会有好收成。农民不是逆来顺受，他们拥有自己的朴素哲学，而我们则缺乏或者没有这样的哲学。

我们做家长的、做教师的、做校长的，也要有农民那样的哲学，既然承包了这样一份责任田，就应当尽心尽力地去耕耘，过一种不抱怨的生活。

教育是个体力活

元旦前一天的上午,我为孩子们发放新年礼物,一个一个地发放。到一、二、三年级,就需要弯着腰把礼物送到孩子们手里,结果给三年级400个孩子发完后就出了一身大汗,一阵冷风吹来,我就感觉腰不得劲。

从一座楼走到另一座楼,本校区发完了,腰就有些疼。随同的老师说:"要不,分校就别去了,我们去发。"我说:"对孩子们来说,你们发和校长发不一样。况且我还要借此机会把每一位班主任老师表扬一番。"

我在孩子们的欢呼声中走进教室,在发礼物之前,先表扬我们的班主任老师。我说:"孩子们,准备好耳朵了吗?"孩子们齐声说:"准备好了。"然后安静下来。我说:"今天是2013年的最后一天,明天就是元旦,我们就要长一岁了。过去一年,为了每一个小朋友的快乐成长,我们的班主任老师付出了那么多辛苦和汗水,我们要铭记在心。我希望每一个小朋友都能怀有一颗感恩的心,在新的一年里发展得更好!"

走过52个教室,发完1900个礼物,用了3个小时,腰真的直不起来了。

好多人认为,当老师、做校长就是动脑子、动嘴皮子的事。其实,不为孩子们开发和实施更多课程,光教教材、课本,那也不是动动嘴皮子的事。而我们创造出了丰富多彩的课程,并扎扎实实地落实下去,当然就会发现:教育其实还是一个体力活。

为什么是"童话长廊"

我们学校一个校区各类专用教室都集中在校园北面的尚德楼里，所以孩子们每天需要从南边的崇德楼过去走班上课。遇到刮风下雨或下雪结冰时，不仅影响上课，还可能发生安全事故。于是，我们就想建设一条连廊，将两座教学楼连接起来。

那么，建设一条怎样的连廊呢？

如果这条连廊建在公园里，可能就是一道风景；如果建在社区内，可能就是一个方便居民出行的地方；如果建在政府机关内，可能就是一座遮风挡雨的走廊。如果建在校园里，就必须成为一个影响孩子们成长的课程。于是，我们就把连廊建成了"童话长廊"。

"童话长廊"有100多米，上、下、左、右四面呈现了一个童话世界。地面是用铜板制作的，内容为与中外童话相关的图画和100部童话书书名；顶上是喷绘的与中外童话相关的彩色图画，讲述了一个个童话故事；左右两边是100部童话书的说明，介绍了作者、故事梗概等。这座"童话长廊"信息量很大，要把所有的文字通读一遍，没有半天工夫是不行的。

"童话长廊"不是封闭的，而是开放的，与操场是互通的。孩子们可以聚在那里交流，可以驻足欣赏和阅读……"童话长廊"成了孩子们聚会的地方，早晚、课间都可以看到三五成群的孩子聚在里面嘀嘀咕咕，在讨论或争论什么。

我今天一大早赶到本校区。刚拐进"童话长廊"，就看到F老师和她正在读三年级的儿子要去食堂用餐。已经走到操场中间了，儿子突然拉着F老师的手又折进了"童话长廊"，然后指着最里边、最上面的一角在说着什么。

我忙问："发现了什么秘密？"F老师笑着说："我儿子发现了一本没有读过的童话书，叫我给他买呢。"我抬头一看，发现在一般人不大注意的角落里介绍了一本童话书——《水孩子》。这个玉泉学子看到了这本书，就要读。于是，我再三叮嘱F老师："一定给儿子买来。"看到校长给妈妈下了"命令"，孩子高兴得一蹦一跳地吃饭去了。

如果这座"童话长廊"增强了全校孩子阅读童话的兴趣和动机，那么"童话长廊"的课程价值就太大了！

在校园里，没有一块砖头不是课程，没有一棵小树不是课程，没有一种声音不是课程，没有一个人不是课程，因为校园里的一切细节都会促进或制约每一个孩子的成长。

三

为孩子的"脚"定做一双合适的"鞋"

新学年伊始，玉泉小学的孩子们拿到的语文教材，除了国家统编教材外，还多了一本《玉泉语文》，家长们感到有些吃惊：为什么要研发校本学习材料《玉泉语文》？

小学语文课程标准虽然确定了总目标和年段目标，但是语文知识、语文方法和语文技能等目标比较模糊，对"教什么""怎么教""教到什么程度"也没有提供相应的说明。这让教师们，特别是青年教师，感觉一头雾水。

伴随数次课改的推进，语文教师们产生了诸多困惑，他们不约而同地发出一个声音：语文越教越不会教了。语文教材是落实课程标准的重要载体。只有使用合适的教材,教师才能更好地完成课程标准设定的学习目标。

我们学校的学生主要来自航天二院、中国科学院等教育科研单位,家长大部分属于高级知识分子,特别重视家庭教育,孩子大多就读于优质幼儿园。据我们连续四年对一年级孩子开学后进行的前测发现,孩子们的平均识字量在850个左右,20%的孩子达到了2000个字以上。可以说,孩子们一入学就已达到了课程标准规定的一年级800个字的识字任务量。

那么问题来了:按照国家规定,识字教学要从零起点开始,但实际上我们的孩子已经拥有了一定的识字量,我们的语文教学究竟该从哪里开始?

如果我们认真地研究一下,就会发现今天孩子们生活的世界已经发生了巨大变化。我们姑且不去评论幼儿园是否应该进行识字教学,在生活中识字却在随时随地地发生,孩子从一睁开眼睛就开始探索这个陌生世界,到上小学时,他们已经与汉字成为"老朋友"。如果我们不承认这个现实,就不是实事求是,实际上就是忽视孩子发展的基础,就是浪费孩子的生命!

我常常想,上学的孩子就是一双"脚",教材就是一双"鞋",不论鞋子尺码过大还是过小,都将制约脚的奔跑或行走。所以,必须根据孩子"脚"的大小定做一双合适的"鞋",这样才能让孩子健步如飞。

于是,根据国家课程校本化实施的要求,《玉泉语文》校本学习资源诞生了!六年前玉泉小学的语文教师就开始了实验和研究,在语文专家的指导下,在国家课程校本化实施的过程中,研发出一套文质兼美的《玉泉语文》,解决了"用什么教"的问题;同时研发出一套科学、实用的导学系统,解决了"怎么教""教到什么程度"的问题。

我们的目标是让每一个孩子都喜欢母语,都能够轻松地学好语文;

同时，让每一个语文教师都能够借助教材形成结构化的语文课程内容。

三
提高教学质量的"七三"定律

教学质量是一所学校的生命线，它承载着教育责任和社会的诉求，每一所学校都希望能够取得优秀的学业成绩，办人民满意的教育。

教学质量也是一位教师安身立命的本钱。面对家长的殷殷期望和孩子们幸福成长的渴望，每一位教师都希望教出最好的成绩，让孩子们成人、成才，自己得到社会和家长的尊重。

对学校和教师来说，不论教育以什么面目出现——素质教育也好，均衡教育也好，特色教育也好，提高教学质量，是永远绕不过去的一个话题。

那么，如何提高教学质量？我认为，不论学校还是教师个体，都要遵循"七分管理，三分教学"和"七分态度，三分技巧"的定律——我称之为提高教学质量的"七三"定律。

教学管理就是质量，教学管理就是效益

对学校而言，所谓"七分管理，三分教学"，指的是一所学校的教学管理居于学校主要矛盾的主要方面，起着基础性、关键性和决定性的作用。因为教学管理决定着教学秩序，只有有组织的教学和稳定的教学秩序才能带来高的教学质量。

教学绝对不是个人单打独斗的事业，一位特级教师水平再高，也不可能把全校学生、全部学科教起来，提高教学质量必须基于教师团队的合作，基于教师团队的取长补短，基于教师团队的共同追求。要组织一个团队团结协作，走向同一个目标，没有组织、没有管理、没有机制，显然是不可能实现的。

教学管理指的是学校通过治理结构的设计和体制、机制的运行确保教学质量的提升。教学管理有四个方面。一是学校的教学制度，要对教学过程提出科学、详尽的标准，让教师"对标"组织教学活动。二是对教师的教研、备课、上课、作业、辅导、考试和质量分析等专业领域做出明确规范和要求，组织教师研发课程，研究和实践教学路径，强调合作与共享，并通过评价和考核达成既定的管理目标。三是课上课下、校内校外要一以贯之地培养和强化学生良好的学习习惯，激发学生的学习动机，教会学生学习方法，因层、因人施教，提升学生的学习品质。四是建立客观、公正、科学的教学评价机制，并根据业绩奖励、激励教师。

只有有组织的、精准的、良性互动的教学管理环境，才能促进全体教师专业能力的发展，进而促进学生学习品质的整体提升。

对教师个体而言，所谓"七分管理，三分教学"，指的是教师要把课堂管理作为重要的教学要素对待，绝不可忽视课堂管理而只注重知识传授。因为学生是学习的主体，掌握知识、增长智慧、发展思维和情感，是学生个人建构的事情，教师只是起到主导作用。如果教师不能把控课堂，维持不了教学秩序，就不能调动起全体学生参与学习的积极性，即使讲得天花乱坠，也不会有良好的教学成绩。

课堂管理是教师为了完成教学任务、调控人际关系、调整教学环境、引导学生学习所采取的一系列教学行为。课堂管理有三个方面：一是课堂人际关系管理，指对课堂上的师生关系、同伴关系的管理，包括建立良好的师生关系、确立群体规范、营造和谐的同伴关系等。二是课堂环境管理，指对课堂上的教学环境的管理，包括物理环境的安排、心理环境的营造等。三是课堂纪律管理，指的是制定与实施课堂行为规范、准则，应对学生的问题行为等，以保持良好的教学秩序。

管理好课堂是开展教学活动的基石，教师必须不断地提高课堂管理水平。只有这样，才能激发学生的学习动机，调整学生的学习状态，达到良好的教学效果。

教学态度决定方向，教学态度决定结果

对学校而言，所谓"七分态度，三分技巧"，就是要把提高教学质量作为学校发展的核心，置于一切工作的中心。时下提高教学质量的干扰因素很多，大家忙于应对上级布置的任务，喜欢搞活动、搞大呼隆、搞"高大上"的东西，甚至置教学秩序于不顾，校园里看似轰轰烈烈，实则造成了校园的浮躁和浮夸，让校园不再安静，让教师不再淡定，让学生不再沉静。所以，一所学校对教学的态度，会影响教师对教学的态度。如果学校对教学态度鲜明，把评价和奖励指向教学质量的提升，那么教师就会重视教学，课堂就会稳定，教学质量就会提升；反之，教师就会放松或放弃对教学质量的追求。

对教师个体而言，所谓"七分态度，三分技巧"，指的是教师对待学生、对待教学的态度是实现有效教学的前提条件和重要保证。一位富有爱心的教师、一位对学生负责的教师，会拥有正确的学生观，亲近每一个学生，关爱每一个学生，建立和谐、良好的师生关系。学习是需要学生自己建构的事情。"亲其师，信其道"，一旦学生喜欢、信服某位教师，就会努力学好这位教师所教的学科。即使这位教师的专业技巧有欠缺，学生也依然能够因为自己努力取得优异的学业成绩。教学实践已经证明，一个不喜欢某位教师的学生，是很难学好这位教师所教授的学科的。一次期中考试后，我拿来初中的考试成绩进行分析，发现一个学生政治考

了8分，其他学科都在90分以上。我们通过调查发现，这是因为政治老师"得罪"了这个学生，这个学生说："我就是不想给他考好！"

一位敬重自己职业的教师、一位有尊严感的教师、一位为人师表的教师，会端正教学态度，严格要求自己，不断学习和实践，不断求教和思考，全面熟悉课程标准，积极参与教研活动，全面认真地备课，扎扎实实地上好每一节课，按照学情分层布置作业，认真批改作业，根据学生的差异进行分层、分类，甚至"一对一"辅导，认真总结教学经验，诊断教学，发现问题，不断反思和改进。有了这样认真负责、肯下功夫的教学态度，一位教师即使经验欠丰富，方法欠得当，技巧欠有效，只要一节课一个脚印，踏踏实实，也会取得良好的教学质量。

我们也可以看到个别教学技巧丰富的教师，上公开课、示范课"呱呱叫"，但在自己的课堂上不肯下功夫，老想走捷径，到学业质量监测时却发现，学生的基础知识不牢固，基本技能不扎实，基本经验未形成，思维能力不到位，教学质量并不理想。

当然，我并不否认教学的重要性，也不否认技巧的必要性。只不过比较起来，我们需要抓住主要矛盾的主要方面。教学管理到位，正确的教学态度建立起来，就一定会收获优异的学业质量。

从"打猎"到"打靶"：落实"三有"课堂

时下我们的课堂教学看起来很像"打猎"。"猎人"们扛着枪在草地上、树林里四处转悠，甚至蹲上跳下寻找目标，虽然轰轰烈烈，很热闹，但是效果并不理想。

而"打靶"则具有清晰的目标、方向和路径以及评价标准。

我们要让课堂教学从"打猎"走向"打靶",就必须落实"三有"课堂——有序、有趣、有效的课堂。

课堂有序

课堂有序是课堂有效的前提。如果教师不能安排好课堂教学目标、结构和流程,不能控制课堂教学纪律和秩序,不能激发学生的学习兴趣和动机,不能对学习过程进行有效的检测和调整,就不可能达成教学目标,促进学生的全面发展。

要做到课堂教学的有序,就必须做到以下三点。

(1)精心备课——树立"靶子"。备课,实际上是根据课程标准的要求,结合班级学生的实际,按照自己的教学经验,使用教材媒介,对学生的学习效果进行预设的一个过程。我们必须清楚一堂课究竟要教什么,教到什么程度,如何教到这种程度。当然,备课还必须准备教学结构、流程、路径、方法、评价标准和检测过程。

(2)精心组织教学——使用"好枪"。一至六年级学生的认知水平和道德水平相差很大,每个年级平行班级在纪律、秩序、学习氛围、同伴关系、学习能力等方面也存在巨大差异。采用什么样的学习方式、组织形式、情景模式落实教学,采用什么样的方式奖励、激励学生以维持良好的课堂纪律和秩序,让每一个学生参与其中,形成积极思维,需要教师深度思考。

(3)精心设计作业——练习"瞄准"。有效布置作业,及时批改作业,以期发现问题,然后进行辅导,是巩固知识、迁移能力、实践运用、发现规律的重要过程。不论是应对考试,还是落实核心素养,这个环节都必须予以高度关注和落实。

课堂有趣

所谓课堂有趣，实际上是一种教学智慧，只有有趣的课堂才能真正有效。僵化、死板、机械、重复、控制的课堂，一定是无趣的课堂。

要实现课堂教学的有趣，就要做到以下三点。

（1）机智、诙谐与幽默。美国的一项调查表明，在各项教学实践中，几乎所有学生都认为，教师的机智、诙谐与幽默会带来课堂的愉悦以及学习的高效。一名教师决不能死气沉沉，机械呆板，无聊乏趣，而要机智、诙谐与幽默。这需要历练。

（2）营造热烈的学习氛围。情景导入也好，故事导入也好，演唱导入也好，要营造活跃、有趣、热烈的课堂氛围，要调动学生的学习兴趣和思维活力，就必须学会控制、驾驭课堂的节奏。

（3）采用多种学习方式。可以采用走班制等，通过学习场景的转换提升学生的新鲜感与兴奋度；可以根据学习需要不断变换独学、对学、群学等学习方式，让学生自主、合作、探究，让学习富有挑战性和竞争性；可以采用声、光、电等呈现方式，激发学生的眼、耳、脑、手，让学生全身心地投入学习；可以采用课本剧、演唱、表演、展示、讨论等学习方式，让学生进入自主学习状态。

课堂有效

不论课程有序还是有趣，最终都是为了达到课堂有效。所谓课堂有效，是指学生不仅掌握了基础知识、基本技能、基本经验、基本思想等，还发展了发现问题、提出问题、分析问题、解决问题等高阶思维与能力，同时建立起正确的价值观、人生观、世界观，发展了情感和社会性，培养了必备品格和关键能力。

要实现课堂教学的有效,就要做到以下三点。

(1)建立评价标准。课堂教学应该"一课一得",得到什么、得到多少,都应该清楚。课堂教学还应该"堂堂清",清什么、清多少,也应该明确。如果教师对一节课没有明确的评价标准,就不知道这节课到底要干什么。

(2)加强过程检测。课堂教学的过程,实际上也是检测学习的过程。要根据预设目标,跟进课堂教学和学生学习进度,通过各种方式,如回答问题、小组讨论、展示表现等,对学生的学习情况进行检测。教师心里要清楚学生掌握了什么、感到模糊的是什么,以及多少学生过关了。经过一个时段的学习后,应对所学知识进行梳理,对学生的学习情况进行检测、诊断,发现问题,寻找原因,改进教学,调整教学关系。

(3)关注每一个学生的生命状态。教学的有效,不仅指学习过程有效,还指最终结果有效,如学生知识扎实、思维灵活、情感丰富。然而,学生的智力、习惯、心理、家庭背景、主观能动性是不一样的,所以要因材施教,关注每一个学生的发展,研究每一个学生的生命状态,及时调整教学关系、师生关系、同伴关系、家校关系、亲子关系等,为每一个学生的幸福成长服务、负责。

只要落实了课堂教学的有序、有趣、有效,就会培养出"德如玉,智如泉"的好孩子。

三

一本童书的价值

六一儿童节之前有一天,我阅读了被誉为"20世纪读者最多、最受爱戴的童话"之一的《精灵鼠小弟》。此书出版于1945年，作者是美国作家E.B.怀特。

怀特有18个侄子、侄女、外甥、外甥女，一群小朋友天天缠着他讲故事，于是他就临时演绎出"精灵鼠小弟"。出版之后，出版商在广告中把主人公斯图尔特·利特尔说成是老鼠，怀特大为不满："我在书中没有一处地方把斯图尔特写成是老鼠。他只是一个小家伙，看上去像老鼠罢了。实际上他不是老鼠。他是第二个儿子！"

在今天的中国，已经形成了独生子女的文化形态。二孩政策出台后，再要一个孩子的家庭出现了诸多问题。有个笑话说，一个六岁的小朋友对准备要二孩的爸爸妈妈说："如果你们要再生一个，就先把房产过户到我的名下，否则没门儿！"一天我看到六年级班主任王老师在走廊上与一个女生交流。事后，王老师对我说："这个孩子天天闷闷不乐，学业成绩下降，就是因为最近她妈妈生了一个小弟弟，妈妈对她的爱减少了，她心里非常抵触。"我想，阅读《精灵鼠小弟》，可能会让我们的孩子正确地理解和尊重有弟弟或妹妹的事实，而且我想把斯图尔特那种不断追求的精神传递给孩子们。

于是，我就想在六一儿童节把《精灵鼠小弟》当作礼物送给全校的孩子。但是问题来了：如果学校购买这本书，它就属于学校的固定资产，而学校的固定资产是不能发给孩子们的。

于是，我们想到了社会捐助。5月中旬，我在微信朋友圈里发出了"捐助声明"，结果一周之内收到了3000本书的捐助。捐助者有50多位，其中有厅级干部，有企业老总，有我们的家长，也有蓝领工人——有一位司机师傅提着一捆书送到我的办公室。作为校长，我感到十分欣慰和自豪，一是玉泉小学的号召力还是十分强大的，二是我们的社会充满了正能量。感谢所有帮助过我们的人！

六一儿童节前一天，这本书就发到了每个玉泉学子的手里。我告诉孩子们，这本书来自社会爱心人士的捐助，当你们捧起这本书的时候，一定要感受那份来自社会各界人士的浓浓的爱。

于是，这本书就不再是一本普通的读物，它的价值被放大，让我们的孩子变得更有爱心、更加善良，让我们的社会变得更加美好、更加绚丽！

游学课程游什么

中国古人说，读万卷书，行万里路。美国的杜威则说，"在做中学"。其实，他们都讲了一个道理：人们不断学习，增长智慧是通过"格物致知，知行合一"实现的。

现代教育的特征是班级授课制，最早是欧美的一些学校出现以班级为单位的教学组织形式，随后捷克教育家夸美纽斯对此组织形式进行总结并将其确定下来，后来赫尔巴特完善了这一理论。班级授课制强调"知"而忽视"行"。陶行知先生批判旧教育的一个弊端是"死读书""读死书""读书死"。这种教育是培养不出未来社会合格公民的。

面对愈演愈烈的应试教育，我们国家提出了"素质教育"，接着提出了课程改革与发展战略，新的国家课程标准强调社会实践活动，强调动手、动脑、自主、合作、探究、体验的学习。

在社会实践活动中，大中城市的中小学校把游学课程当成一种方式。"游学"自古有之，李白、杜甫、苏轼等就是通过四处游历而写出了流芳百世的篇章；辜鸿铭、蔡元培、潘光旦、陈寅恪、梁思成、林徽因、金岳霖、胡适、鲁迅、陶行知等大家都是学贯中西、游历多地的人物。

游学课程对一个人的成长非常重要，所以财力能够承受的家庭，应该支持孩子出去游学，钱多的出国去游学，钱少的在国内游学，没钱的在本市转转。学校和家庭要创造一切机会让孩子多走、多看、多听、多想、多见人、多交流、多讨论、多思考，与他人、与自然、与社会、与世界进行对话、交流、碰撞。

玉泉小学派出了由18个孩子组成的"濒临灭绝动物野外考察队"，去中国科学院西安分院秦岭珍稀动物野外研究基地游学，小组采用项目式学习方式。通过专家的讲学以及与专家的互动，小组选择自己感兴趣的研究课题，然后搜集信息，带着问题到现场去观察和研究珍稀动物，如大熊猫和金丝猴的习性、食物、繁殖、与环境的关系等，形成几个小报告。回到学校后，在专家的指导下，通过交流、分析、评估、综合，再形成一个总报告。最后，由考察队的小朋友向其他对动物感兴趣的同学做报告，并发表自己的研究成果。这样的游学课程，是以问题为驱动的、自主的、合作的、探究的、体验的学习过程，对孩子具有重要的教育价值。

游学课程必须让孩子们游出情感，游出合作，游出思维，游出能力，游出智慧。现在好多家长的选择比较盲目，如果只是让孩子报班随团出去随便转一下、玩一圈，这几乎没什么教育价值。因此，要为孩子们选择具有成长价值的游学课程。

三

让孩子们过一个有年味的元宵节

一般春季开学都是在元宵节之后，所以学校没有机会做元宵节课程。

2018年开学后即迎来元宵节，这为我们开设元宵节课程提供了一个契机。

为什么要开设元宵节课程？

传统文化和美德对丰富人的精神生活、提高人的综合素质、促进人的全面发展、形成良好的社会风尚具有不可替代的作用。传统文化是一个人的根，也是一个国家和民族的魂。在校园里加强传统文化传承，实际上就是在孩子们心里埋下一个中国的根，培养一颗中国的心。

但是，对小学生来说，传承传统文化不能靠"硬推""说教"等方法，必须有鲜明、典型的仪式感，以及融入、参与的过程。应通过欣赏、观察、实践、交流、体验和感悟，让传统文化扎根于学生心中。譬如，我们的传统节日以及节日背后的传统文化，就可以开发成课程，通过这样的课程向孩子们传递传统文化。

然而，中国的传统节日基本上都是大人在忙活，没有孩子什么事，也严重缺少节日的标志物，即使有，也很少有儿童化的。

小时候元宵节的场景、故事、传说、吃食、灯火、演出、跪拜、烧纸等深深地影响了我。我惊叹于"八月十五云遮月，正月十五雪打灯"中那种对自然规律的敬畏感。我们山东高密元宵节是三天时间，即正月十四、正月十五、正月十六。这三天晚上家家门前都要上灯，大人们涌上街头观灯赏花，孩子们提着自己扎制的红灯笼穿行在大街小巷中，热热闹闹，让人流连忘返。在我的记忆中，元宵节是难以忘怀的。

今天，如何以中国传统节日为载体，研发儿童化的节日课程，在孩子们的心中播下优秀传统文化的种子？

于是，我们研发了元宵节课程。

第一，让孩子们在古典文学作品中寻找元宵节。在寒假课程中，我们要求孩子们阅读《水浒传》中关于元宵节的描写，体会宋朝元宵节的热闹。《水浒传》中先后有三次提到元宵节。第一次是在第三十三回"宋江夜看小鳌山，花荣大闹清风寨"中，第二次是在第六十六回"时迁火烧翠云楼，吴用智取大名府"中，第三次是在第七十二回"柴进簪花入禁院，李逵元夜闹东京"中。借着元宵节课程倡导孩子们阅读《水浒传》，既可以激发他们对名著的阅读兴趣，也可以引导他们从名著中重拾传统文化的影子和痕迹，体验传统文化。

第二，寒假期间，在家长的帮助下亲手扎制一盏灯笼，拿到学校里展示和分享。元宵节最重要的标志物之一是灯笼，很多人都难以忘怀小时候爷爷或爸爸帮助自己制作灯笼以及挑出来观赏的温馨记忆。让孩子们去联想、设计、制作、合作、动手、体验、感悟，是将学过的知识应用于实践的过程，也是发展创造力的过程，更是将传统文化融入心灵深处的过程。

第三，正月十一开学典礼时，我们以元宵节课程为主题，从延庆农村请来了舞狮队现场为孩子们进行舞狮表演。正月十五，全校的孩子都吃到了我们食堂制作的"玉泉元宵"，下午的班会上，孩子们一边品尝元宵，一边分享自己对元宵节的发现、研究、体验与感悟，了解传统文化的博大精深。

第四，正月十五晚上举办观灯、赏灯、猜谜语的亲子活动——"正月十五闹元宵，玉泉学子赏灯会"。夜幕降临，华灯初上，明月高悬，风平树静，教师家属、学生和家长8000余人分时段走进校园，观赏校园里挂起的1000余盏各式各样的灯笼。每个孩子都有机会猜谜语，得奖品。月圆人和，校园温润，其乐融融，孩子们徜徉在传统文化的氛围中，得到幸福成长。

为什么开设离校课程

什么是成功的教育？如果学生毕业多年后，不论成就大小、地位高低，路过母校时，想起校长和老师以及那些印象深刻的事，怀着深深的敬意向母校深深地鞠上一躬，这就说明我们的教育是成功的。

然而，今天学校培养出来的学生会这样吗？多年后，他们还会记起多少在母校生活时的幸福、快乐和美好？还有多少关键人物和事件还在深深地影响着他们？除了无休止的听课、背诵、作业、考试，除了拿着试卷战战兢兢地回家，大约没有什么让学生印象深刻的了！

一所学校每年都会有一届学生毕业离开。他们离校之后，我们好似就不用再对他们负什么责了。然而，我们背负着国家赋予我们的教育责任，所以，让一批又一批学生虽然离开母校，但永远心系母校的墙壁、角落、小草，应是我们所追求的。

小学六年级第二学期，学生们面临小升初。此时，一部分学生已经找到心仪的中学；一部分学生还未定学校，在等着派位。学生们感觉，马上要离开母校了，老师和家长已经不大管了，解放了，自由了，完全放松了。于是，六年来养成的有关学习、纪律、规则、行为等的良好习惯悄悄地改变了。

学校是让人养成好习惯的地方，如果背离了这一点，学校就将成为功利场所。于是，我们设计和实施了一系列离校课程。

学生在参加全区监测前，我们承诺，如果他们考出好成绩，我们就一块儿去山东省潍坊市中小学实践基地。结果，他们考得很好，于是，就有了六年级离校课程之"山东实践课程"之旅。

在实践基地，学生们第一次过集体生活，第一次住宿舍，自己管理一切，自己套被子——结果把自己套在里面，自己提暖瓶打热水……在这里，他们动手调制鸡尾酒、酿制酸奶……在这里，他们通过各种有意义的活动和游戏增强自己的组织纪律性，懂得了信任、团结合作的重要性……在这里，他们还看到很多默默奉献、不求回报的老师以自身的行动让他们体会到要懂得感恩，要接受爱，更要传承爱……

学生们获得的不正是老师每天苦口婆心讲给他们听的大道理吗？而且，这些是他们真实的感受，是他们在实践中自己感悟到的。

让我们给学生们搭建一个舞台，让他们观察、动手、证明、收获，在做中学，在学中悟，学得开心，学得幸福，舞出人生的精彩！

过一个"三不"儿童节又何妨

六一儿童节是属于儿童的特定节日，童年过去了，人就不再过这个节日。所以，对孩子来说，六一儿童节尤为重要、珍贵。

然而，在实际生活中，我们成人经常以关心、爱护等各种理由剥夺孩子们过自己节日的权利。六一儿童节，孩子们几乎都是被安排着过的，或者就像没有这个节日一样，该做作业的在家里做作业，该去上课外班的去上课外班……

在今天成人控制的社会里，我们经常漠视儿童的诉求，也漠视儿童的自由，更漠视儿童的权利！

又一个六一儿童节快到了，我与负责学生发展工作的同事商量如何让全校3000个孩子过一个由自己做主的节日。我们做了一个调研，就是问问孩子们希望如何过自己的节日。孩子们呼声最多的是，没有作业，没有课外班，老师和家长不要给他们安排事情，更不要干涉他们，让他们爱做什么就做什么，痛痛快快地度过一天……

看来，孩子们是有自己的想法的，虽然他们的想法与我们成人功利的想法不一致，但是，在六一儿童节这一天，尊重一下他们的想法又怎样？

于是，我们提出让孩子们过一个"三不"节日，即老师不布置任何家庭作业，家长不带领去任何课外班上课，孩子们不接受老师和家长的任何安排。"三不"就是把过节的权利还给孩子们，由他们自己决定，自己规划，自己设计，自己安排。

在周一的校会上，当主持的老师宣布今年将过一个"三不"节日的时候，你们猜：3000个孩子的反应是什么？

孩子们一片欢呼。我站在一边心里想：强调儿童中心，落实儿童本位，是一件多么艰难的事情啊！

我们看见儿童了吗？看见了。但看见的是儿童的身影，却没有看见儿童的内心世界。

按照玉泉小学往年的惯例，我们会在六一儿童节期间做一个"一元钱"课程。节前，我会拿出自己的稿费，为每个孩子发一个一元钱的红包，并附上一封信，希望他们自己决定、自己规划、自己设计、自己安排如何用这一元钱做一件有意义的事。

今天，一元钱能够做什么？按照一元钱的实际购买价值，几乎什么也做不了。但是，我们希望用这一元钱撬动孩子们的思维，发展他们的情感，让他们形成充满创意地解决实际问题的能力。这种能力，并不是单纯在课堂上能够形成的，必须基于儿童自己的体验和感受，必须基于儿童自己的生活经验。

如果从立德树人的角度考虑，六一儿童节这一天，我们究竟应该让孩子们干什么？写作业？上课外班？参加被安排的会议？参加当观众的统一活动？也许有人会说，孩子的学业成绩还是十分重要的，上大学还是看考试成绩的，就业也是看考试成绩的。我十分赞同这个说法，确实这也是社会实现。但是，近几年中考、高考改革的方向已经发生了重大变化，它们更加注重考查学生的经验与能力。如果我们一直控制孩子，一直安排孩子的生活，长此以往，孩子不仅会在考试中遭遇问题，未来进入社会也会出现问题，因为他们没有自己的思考，缺乏生活经验和情感，也必然丧失创造生活的能力。

因此，在六一儿童节这一天让孩子们过一个"三不"儿童节，把过节的权利还给孩子们，让他们自己做出决定，做自己喜欢的事情，将有多大的教育价值啊！

有一个男孩对我说："校长，六一儿童节这一天，我什么都不想干，就想睡上满满的一天！"我说："可以。"就让他睡上一天吧，因为他一定是累了，烦了，受够了，让他歇一歇，调整调整，再出发，又有什么不行的？

在"三不"儿童节这天，全体老师可以不布置作业，学校也可以不给孩子们安排任何活动；但是，我担心家长继续领着孩子去上课外班，在家里安排一大堆作业，连孩子一天的自由和权利也给剥夺了。

嗨，让孩子们过一个"三不"儿童节又何妨？拜托了！

劳动教育课程是学生成长的沃土

杜威认为，教育就是经验的改造。经验有间接经验和直接经验之分。间接经验主要来自书本知识的学习，以及和成人、同伴的交流与互动，而直接经验更多的是来自动手、动脑、互助、合作、体验、感悟的实践性学习。

在应试教育面前，中小学把所有力气都放在了对间接经验的获取上，以求得更高的分数，即使劳动教育这样典型的实践性课程，也是以传授劳动知识为主，让学生去死记硬背知识点。这样的劳动教育就会失去应有的课程价值。

早在2015年，教育部、共青团中央、全国少工委就发布了《关于加强中小学劳动教育的意见》，要求中小学建立课程完善的劳动教育体系。然而，劳动教育是一门实践性很强的课程，只要局限在教室里，就不可能达成教学目标。

教育的核心是课程，只有把课程落实到每一个学生身上，才能实现立德树人的根本任务。然而，不同的课程应该有不同的实施路径和方式，在劳动教育课上，如果只是学习劳动知识，让学生在黑板上种庄稼，在课桌上谈稼穑，拿着笔杆子去收获，离开土地，离开耕耘，就不能达成教育目标。

所以，我们决定建设一座"农场校园"，让学生在课堂上学习劳动知识后，到"农场校园"去实地体验，与大自然密切接触，在田野里学习，在土地上感受，在耕耘中收获。

我们以国家课程标准为指导，以劳动教育为根本，以博物学为基础，研发出18个劳动教育课程模块，让每个班用一周时间在"农场校园"里参加真实的劳动，在体验中感悟，在合作中成长，丰盈情感，建立正确的世界观、人生观和价值观，以实现玉泉小学的教育目标——培养"德如玉，智如泉"的玉泉学子，让每一个孩子拥有幸福的人生！

今天如何做母亲

有两位家长找我,反映孩子不愿意吃学校的营养餐,要求每天从家里带饭。

起因是学校要与家长签订一份安全协议,要求孩子们或者在学校吃营养餐,或者回家就餐,但不准孩子带饭或家长送饭到学校。道理很简单。首先,涉及食物安全问题——天气炎热时,饭菜在桌洞里放置长达四五个小时,容易变质,学校又没有加热设施,孩子吃坏胃口或者食物中毒,可能会酿成重大生命安全事件。其次,容易引发孩子之间的攀比——显然,送的饭或带的饭都是可口的饭菜,其他孩子心里很可能会不平衡:你为什么可以带饭,而我必须吃营养餐?假如每个孩子都要求家长送饭或带饭,怎么办?

当问及为什么要带饭时,一位家长再三强调,孩子不喜欢吃营养餐,经常饿肚子,担心影响孩子的学习和发育,所以想要带饭。

我说:"学生在学校不仅要学习,还要习得社会性,将来才能适应社会。全校孩子都可以吃营养餐,而你的孩子不愿意吃,你就给开小灶,孩子将来如何适应社会?假如将来孩子考上外地大学,你也跟着去送饭吗?假如孩子上的是地质大学,需要到野外工作,因为生活艰苦就不吃饭了吗?"

然后,我给两位家长讲了一个故事。

一个中国奶奶到美国去看孙子,儿媳妇是美国人,老人一到,儿子就告诫母亲:"在美国,教育孩子是父母的责任,奶奶没有教育权,所以,不要因为疼孙子就干涉儿媳妇的教育。"第三天中午,五岁的孙子因为嫌饭菜不好吃,就把饭菜倒在餐桌上。洋媳妇说:"好吧,既然你不愿意吃，那就明天再吃吧。"孙子赌气地说："明天就明天！"

下午，洋媳妇请老人做一顿美味可口的中国晚餐。老人很高兴："好，给俺孙子补偿补偿！"当大人们围坐到餐桌旁时，一边玩耍的孙子也蹭过来了。洋媳妇说："我们已经约定好了，你明天才能吃饭。"孙子流着口水告饶说："妈妈，我知道错了，以后改正还不行吗？"洋媳妇说："坚决不行，因为这是你的承诺。男人说话要算数！"

孙子没有吃上晚饭，在一边哭了。奶奶几次要向洋媳妇求情，都被儿子制止了。

老人眼巴巴地看着心爱的孙子哭哭啼啼地饿了一个晚上。

后来，老人回到中国，讲起这个故事，说："我真的很崇拜我的洋媳妇，因为她的教育是为了孩子健康的成长！"

为何要专门邀请爸爸到学校参加家长会

今天，我们邀请了五年级的500多个爸爸到学校来开家长会。我说，今天，为什么一定要邀请爸爸来开会？因为五年级是孩子人生的一个重要阶段，此时孩子需要爸爸的陪伴，但是爸爸们忙于事业，忙于挣钱，忙于升官，忙于交际，忙于出差……总之，忙得顾不上孩子。

五年级孩子的父亲大多在40岁左右，这是一个男人社会地位上升的时期。此时，男人往往更加专注于事业、官职、金钱、地位、名誉、交际等，而不会顾及孩子的成长。

一个男人往往要到退休时，才意识到当年如果多关注一下孩子的成长，多陪伴孩子，孩子也许会发展得更好。但是，悔之晚矣！

所以，为了不让爸爸们将来吃教育孩子的"后悔药"，今天我们组织了一场必须爸爸参加的家长会！

有人做过一项调查，问不同国家的孩子同样的问题："你最尊敬的人是谁？"总体而言，日本孩子的回答是"第一是父亲，第二是母亲"。美国孩子的回答是"第一是父亲，第二是球星，第三是母亲"。不要忘了，美国的球星往往也是父亲！中国孩子的回答里前三名没有父亲、母亲！在日本和美国孩子的心目中，父亲具有不可取代的崇高地位；而在中国孩子的心里，父亲占据的位置微乎其微。

为什么会这样呢？

答案很简单，爸爸很少有时间和孩子在一起，在孩子心目中的地位自然就会打折扣。

在中国传统文化中，如果一个家庭不教育孩子，父亲就会被指责，《三字经》里就有"养不教，父之过"一说，强调了父亲在教育子女方面的责任。俗话说"有其父必有其子"，这说明父亲的言行对孩子的影响很大。

爸爸对孩子的教育体现在两个方面。

一方面，爸爸对孩子起到示范、标杆作用。正直、善良、有担当的爸爸，往往会培养出正直、善良、有担当的孩子；而偷奸耍滑、不讲诚信、毫无作为、游戏人生的爸爸，往往会带给孩子灰暗的人生。

另一方面，爸爸对孩子的关心、爱护、陪伴、鼓励、支持、严格要求等，会影响孩子的认知、情感和行为。

在现实生活中，有的男孩没有男孩样，有的女孩没有女孩样，一般是爸爸教育的缺失、妈妈教育的强势造成的。在孩子上小学时，一般家庭教育孩子的责任都落在妈妈身上。家长会上 80% 以上都是妈妈，开放课堂上 80% 以上也是妈妈。

实际上，在小学阶段，妈妈的角色是十分重要的，因为妈妈更温柔，更耐心，更贴心，对孩子的幸福成长十分有利。但是，孩子到五年级时，自主意识开始崛起，他们对事物有自己的观点和看法，并且固执地认为自己才是对的。但由于生活经验和社会经验的不足，孩子的观点和看法往往不全面，甚至是错误的，理想与现实的冲突会让孩子的情绪、情感发生很大的变化。

妈妈一般更感性一些，孩子常常因为得不到妈妈的理解或者受不了妈妈的唠唠叨叨，而故意与妈妈作对。此时，爸爸应该及时出现，切实担负起爸爸的教育责任，与孩子一起锻炼身体，外出游玩，帮助孩子克服情绪障碍，积极配合学校和老师，促进孩子在德智体美劳各方面全面发展。

爸爸们，工作很重要，事业很重要，赚钱很重要，但是当你把一个生命带到这个世界上，当你被赋予做父亲的责任的时候，还有什么比培育这个生命成人更重要的吗？

VI 教育的未来

向着正确的教育方向

　　福建省泉州市教育局选派了一大批中小学校长、教师到北京、上海挂职培训、学习一年。

　　先后有两批校长和教师来到我校跟岗培训，除了参与我们学校干部、教师对教育教学工作的解读，以及观课、观察校园、参与活动之外，还参与我举办的"微课程"活动：先由挂职校长提出问题，其他人补充，然后由我来讲课。时间不长，每次一个小时左右。这些校长和教师真的很棒，他们学习非常认真，研究有一定深度，悟性好，对教育工作富有情怀，拥有高涨的热情，是非常好的"种子"校长和教师，如果给他们一所学校，他们一定会把它办好。

　　我曾告诫各位学员："你们不可'复制'玉泉小学，而要从玉泉小学的办学实践中总结办学逻辑和方法，并举一反三。"

　　这些校长和教师住在北京，天天跟着我们上班，还要去其他地方参与一些教育教学活动，晚上则读书、写作、开会、分享。

　　学习永远在路上。学以致用才是最终目的。希望这些校长和教师回到泉州后，能把自己学习到的东西应用于学校管理和教学，结合自己学校的实际情况，从改进课程入手，研究"学程"和评价，把学生培养好。

孩子们为什么要求平等

在班级管理过程中,有些老师并没有把儿童当作独立的、平等的人格主体来对待,而是把孩子当成孩子,自己则高高在上。这样,就免不了采取一些专制或高压手段,做出一些不讲道理的事情,依着性子爱说什么就说什么,爱怎么干就怎么干,结果惹急了孩子们,他们就把老师告到学校,或者告诉家长,家长再把老师告到学校,甚至告到上级教育行政部门。

为了让孩子们用合适的方式把自己觉得不公平、委屈的事,以及老师或学校违背自己意愿的事表达出来,便于学校出面协调,更好地帮助他们成长,我们在每个校区都设立了一个"校长帮助信箱"。

前几天就发生过这样一件事。一位富有带班经验的老师被班里的孩子们写信"告状"了,原因是这位老师因为纪律问题严厉批评了孩子们。可能是因为信息不对称,有些孩子觉得受了委屈,想向校长说一说。结果被老师发现了,老师追着孩子们把"举报信"收回来了。

有的老师说:"如今的孩子真不得了,他们平等意识高涨,维权意识强烈,动不动就'告'我们,让我们感觉十分不舒服!"

我说:"在今天这样一个信息时代,民主教育无处不在,已经不能限制一个儿童民主意识的形成,也不能阻止儿童维权的要求。我们必须正确认识到,这是一种社会进步,同时对教育提出了新的要求,也给老师带来了新的挑战——传统的教育理念、学生观、教育行为等已经不能适应今天的社会。作为老师,我们只有一个应对办法:把儿童当成一个完整的人来对待,用民主教育的方法对待他们!"

我家里有个小朋友,一岁就开始看《小猪佩奇》,并且喜欢得不得了，不让看就要"造反"。这部动画片短小精悍，设计精巧，人物性格鲜明，故事趣味横生，一集一个小故事：要么是生活常识，要么是家庭趣事，要么是自然哲理，要么是社会互动与交流……善良、诚实、坦诚、诚信、幽默等优秀品质镶嵌其中，尊重、民主、平等、自由、友好、互助等现代社会要素贯穿其中。

我在想，一岁的小孩子就通过《小猪佩奇》了解什么是民主、什么是尊重、什么是权利，等他们长到六岁上学、读书、长见识，再往上成长时，你不让他们民主能成吗？

一个组织，必须有一种民主的方式，可以让其中每一个人通过这种方式把自己的想法或看法表达出来。譬如，教师代表大会就是一种民主的方式，教师可以通过这种方式表达意见和建议。

孩子们呢？他们的平等、民主和自由的诉求如何表达？

在强调民主与法治的今天，我们设立了"校长帮助信箱"。这是一种民主的方式。我经常收到孩子们对校园生活中的不平事的倾诉，以及对民主的诉求。实际上，我们的很多教育教学改善就是从这儿开始的。

社会在发展，时代在进步，民主与法治已经成为常态，我们必须转变观念以适应社会的变化。

警惕高位均衡下的学校同质化

我到瑞典的一所学校访问时，发现一个班级 26 个学生有 20 个是女生。我的第一感觉是，他们的计划生育可能出了问题，否则怎么会出现严重的性别失衡？

在对话环节，我向校长提出了这一问题。校长说："瑞典没有人为的计划生育，所以没有人口失衡问题。我们学校之所以女生多，是因为我们是一所以艺术、厨艺为特色的学校，许多爱好艺术、厨艺的女生选择了我们学校。我们学校附近的另一所学校，以科技、体育特色见长，他们的男生就明显多于女生。"

原来，瑞典鼓励学生根据自己的爱好、特长和潜能去选择适合自己的学校，没有"就近入学"的限制。

按照教育的逻辑，每个孩子的个性是不一样的，他们有自己独特的内部结构和潜能，个性化的孩子必然要求特色不同的学校，这样才能为个性化选择提供可能。

今天，为了满足老百姓对优质教育的迫切需求，我们倡导和要求学校高位均衡发展，通过翻牌、挂牌、撤并、整合等方式，通过集团化、联盟化、分校化等路径，加快名校的扩张速度——一所名校可以举办众多同样的分校。结果造成一个集团内各所学校拥有高度同质化的课程，一个联盟内施行同样的教师专业发展模式，等等。于是，在追求高位均衡的浪潮中，我们正在失去学校的个性化、特色化发展。

我们学校参加了海淀区"新优质学校建设工程"。区教委在启动会上提出，不做统一的规范和要求，不设统一的门槛和标准，让每所学校根据自己的实际情况，今后五年通过个性化发展，达到优质化的状态，得到老百姓的认可，真正实现"办好老百姓家门口的每一所学校"的目标。我认为，只有这样的主张和追求，才能发展出百花齐放的办学格局。如果硬性要求什么，所有参与的学校就将奔向高度同质化的道路。

2007年我在做潍坊幸福教育学校联盟总校长时（当时联盟里有12所农村小学），为每所小学设计了一个"跑道"，让它们沿着自己的"跑道"前进，最终形成自己的特色和个性。

当然，目前我们还不能让学生自主选择学校；但多年之后，随着每所学校的优质化，我们总要回到"自主选择，因材施教"的教育生态上来。

学校作为教育场所，应该拥有不同的特色、不同的风格、不同的课程，绝对不可高度同质化。然而，学校的个性化发展与独特文化的形成，绝非一日之功，我们需要不断努力，才能实现让学生自主选择学校的愿景，才能充分释放和彰显自己的个性，培养出富有理性和幸福品质的未来公民。

为什么要给学校找一个"婆婆"

一天，我们到英国教育重镇剑桥拜访主管教育的议员，他向我们介绍了英国的办学体制。

在英国，一所公办学校办得不好时，会被收回来归郡（相当于我国的省）管辖，市、区就没有了对学校的管辖权。在剑桥，绝大部分学校都归剑桥郡所有。在社会公共领域，剑桥郡和剑桥市有明确的职责划分：其中教育由郡管理，公共卫生由市管理。

在我国，收回一所薄弱学校后，当地教育部门就要选派优秀校长去接管学校。而英国不是这样，政府不直接管理学校，他们先要给学校找一个"婆婆"，由"婆婆"管理学校。"婆婆"即学校董事会，学校董事会根据学校的资金情况，决定选择一位什么水平的校长（水平越高的工资越高）。

为什么政府不直接管理学校而要为学校找一个"婆婆"？

那位议员解释说："办学体制决定了校长对谁负责的问题。如果校长直接对政府负责,那么必然眼睛朝上,唯上级命令是从,就很难坚持办学主张和办学特色,必然不会顾及教学质量与学生及其家长的诉求。由'婆婆'来选择校长,校长就必须对'婆婆'负责,对孩子负责,对家长负责,对社区负责。"

为高天赋儿童另辟培养路径

目前,我们政府非常强调教育均衡发展。譬如,规定中小学不准设立快慢班、重点班、实验班等,在九年义务教育阶段学生不准留级,也不准跳级等。这是基于国情而确定的。

然而,这会带来一个问题:高天赋儿童怎么办?

在考察台湾地区的两所高中时,我们发现他们都设有资优班。这实际上为高天赋儿童开辟了一条成长通道。

嘉义高中开设了英语资优班、美术资优班、音乐资优班、数理资优班、科学资优班,通过资优班可以将高中课程与大学课程连接起来,让学生在高中就完成大学的部分选修课程。

美国、加拿大、德国、新加坡等,都有高天赋儿童的培养机制,能够让高天赋儿童快速、更好地发展。

强调学校之间的均衡、学生之间的平等,是与我们的现实相适应的。但最好的教育,是能够让人根据自己的实际做出选择的教育。没有选择,就不会真正实现"因材施教",也就意味着人才培养机制出现严重问题。

为了实现中国梦,为高天赋儿童另辟培养路径,势在必行。

为什么要开设"超学科"课程

我们学校的孩子现在可以上"超学科"课程了。在那个专门上"超学科"课程的校区里,有讨论空间、设计空间、制作空间、展示空间等。孩子们不是在一间教室里上课,而是根据需要到不同的功能教室去学习。这里没有上课、下课铃声,一般是学习一个上午或一个下午。

我问孩子们喜欢不喜欢这样的课程,他们总是异口同声地说:"喜欢,我们愿意天天上这样的课。"

那么,什么是"超学科"课程呢?

"超学科"课程就是超越学科课程的课程。

语文、数学、音乐等学科课程,是以学习知识为中心的,通过学习知识来培养学生的记忆、理解、运用、分析、评价、创造等诸多能力,以适应未来社会的要求。

然而,未来社会需要我们更会合作,更有审辨性思维,更有创造能力。但是在学科课程的学习过程中,我们大量运用的是记忆、理解和运用等能力,很少用到分析、评价和创造等能力。后面这些能力不是一个学科在 40 分钟的课堂上能够培养的。所以,我们需要研究和开发"超学科"课程,建构这些课程的学习内容、学习方式、学习空间和学习资源等,培养孩子们的合作能力、探究能力、创造能力。

我们不仅要学好学科课程,还要学好"超学科"课程,培养核心素养,以适应未来社会的需要。

我们离城乡教育均衡有多远

一位教育局局长因为所在区通过了"城乡教育均衡"验收而眉飞色舞。

这个区"不差钱",将乡村学校的硬件设施建设得与城区学校一样,并且学生的班车免费,午餐免费,连高中阶段的教育都免费。当然,政府加大投入,改善乡村学校办学条件,使城乡学校硬件一体化,提供免费班车、午餐等,确是好事,看起来似乎实现了"城乡教育均衡"。然而,这就是城乡教育均衡的内涵吗?

我想,这样简单地定位城乡教育均衡,会走入一个误区。

今天,我们离城乡教育均衡有多远?城区学校和乡村学校的校长我都做过,所以我感觉还很遥远。

第一,所谓城乡教育均衡永远是一个相对的概念,在城乡二元结构下,城乡教育均衡几乎无法实现。北京的一个慈善组织十年前曾到贵州的一个山区捐建过一所小学。当时这所小学的教学设施配备甚至超出了北京学校的标准。十年后,他们回访这所小学,发现教学设施还是一流的,但是教师的素质、教师的眼界、课程设置和教学方式等,与北京的学校差距很大。其实,校长和教师才是办学的关键因素,而城区学校与乡村学校的校长和教师所处的平台不一样,他们获得信息和知识的机会与能力也不一样。只要没有实现城乡一体化,我们的城乡教育均衡就只能是相对的。为了政绩而一味追求硬件设施的均衡,看似均衡,实则并不均衡。

第二,城乡教育均衡实现的关键是校长和教师的有序流动。我曾到日本访问,发现日本的校长和教师几年一轮换,这是法律规定的,不管校长和教师愿意不愿意。当然,前提是日本城乡的居住、生活条件和文化设施差异很小，不影响校长和教师的生活质量。我们的许多地方也硬性规定（如与职称、工资、待遇挂钩等）了各式各样的"支教"活动，有跨省的，有跨城乡的，有跨强弱学校的……然而，一阵大呼隆之后，又归于沉寂，学校该怎么样还是怎么样。为什么？因为这些做法并没有从根本上解决问题。什么时候将编制、人事和工资制度放开，建立起师资队伍有序流动的机制，让城乡学校的师资逐步均衡起来，才能实现真正的城乡教育均衡。

第三，要实现城乡教育均衡，乡村学校的教育经费就必须充足、宽裕。现在实行的是以县为主的教育经费筹措办法，富裕的县区，教育经费能够保障，而不发达的县区，教育经费则很难落实。或者，从账本上看规定的经费都到学校了，实际上却被县区和乡镇街道两级政府部门挪用于其他地方。据一项调查显示，乡村学校的教育经费能够用于学校的占比大约在50%。据我所知，乡村学校能够把水、电、校车、通信、供暖等问题解决，再购买一些粉笔、本子等基本教学用品，保证学校基本运行就已经很不错了，至于教师培训、专业发展、课程重构与改造等涉及学校内涵发展的重要项目则很难顾及。没有充足、宽裕的经费，就留不住好教师，也不能开发适合学生发展的课程，组织有效的研究项目。这样，哪来教学质量？城乡学校最大的不均衡，是教育质量的不均衡。

第四，要实现城乡教育均衡，家长的力量不可忽视。我曾担任过校长的山东省潍坊市北海双语学校，是一所城乡学生兼有的学校。坐在教室里听课，我一眼就可以分辨出哪些学生来自城区家庭、哪些学生来自农村家庭。家庭背景都"写"在孩子的脸上。北京市某区的一项调查显示，六年级学业质量监测中学生的学业成绩与参加社会辅导班的个数和时间长度成正相关，参加社会辅导班的学生，成绩高于没有参加社会辅导班的；参加四个社会辅导班的，成绩优于只参加一个社会辅导班的。当我们谈教育均衡时，实际上孩子之间并不均衡，而孩子之间的不均衡，往往来自家庭背景的不均衡。要消除家庭背景的不均衡，还需一个漫长的过程。所以，实现城乡教育均衡，不只是学校的事情，还与整个社会结构和发展水平相关。

2009年我们在山东省潍坊市坊子区组建了潍坊幸福教育学校联盟，有六所农村小学加入，两年后又有六所农村小学加入。十二所联盟学校的办学水平得到很大提高，教育质量得到快速发展，不是依靠硬件建设，而是通过理念的提升、课程的改进和教师的专业发展实现的。自2012年开始，坊子区教育局又通过幸福教育联盟学校与更多农村小学建立"发展共同体"，通过理念的提升、课程的改进和教师的专业发展实现全区教育的相对均衡。虽然随着领导体制更迭而停止了实验，但这不失为一种有益的探索。

推进城乡教育均衡，没有错；但是，路途迢遥，如何推进、是否切合当地实际，需要研究并慎重而行。

三

教师的归教师，家长的归家长

在微信朋友圈里看到一则笑话。一位妈妈晒出自己五年级的儿子和二年级的女儿写作业的照片，背后是一个钟表，时间指向晚上10点。陪写作业的妈妈幽默地说："这是谁家的女婿、谁家的媳妇？赶紧领走吧，我养够了！"

这则笑话实际上折射出当今社会的一个现实：当家长的，真的当够了，因为太累啦。家长将之怪罪到学校和教师头上，说"布置的作业太多啦"。于是政府一再下发文件要求学校和教师"减负"，一周只准布置一次作业,等等。大家喊得震天响,转了一圈,回过头来看看:家长轻松了吗?没有,照样累!不仅身体累,心也累,天天着急、上火、郁闷,甚至抑郁。

西方有个谚语,叫"上帝的归上帝,恺撒的归恺撒"。出现以上问题,我认为主要原因是"教师的没有归教师,家长的没有归家长"。由于职责不清、方向不明,教师和家长身份交叉错位,他们互相埋怨,互相指责,最终倒霉的是夹在中间的孩子。

一、教师的职责是什么?简单一句话:教书育人。教书是方式,育人是目标。教书,有一个硬指标,就是要孩子们学好基础知识,形成基本能力,习得基本经验,掌握基本思想,发展高阶思维,在考试中取得优异的学业成绩。实际上,孩子的发展并不是孤立的,教书育人是一个整体的教育行为,教师在教书过程中必须完成育人的根本任务。

不可否认,当今社会分层的主要依据还是考学,是否考上大学、考上什么样的大学、学习什么样的专业,将决定大部分人进入什么样的职业领域,也终将决定其未来会进入什么样的社会阶层(当然这不是绝对的)。因此,摆在每一个孩子面前的路径,就是中考、高考、硕士、博士的层层选拔。一个人不断地学习、考试,实际上是一个不断地被社会甄别的过程。

每个孩子的发展路径都是清晰的,而要实现更好的个人发展,就要不断地取得优异的学业成绩。这个目标和方向是在学校和教师的教学中实现的。不论社会还是家庭,对这个目标显然都寄予了重大期望,同时给予了教师巨大的压力。不论从哪个角度讲,教师都必须帮助孩子们取得优异的学业成绩。从课程标准的学习到儿童认知水平的了解,从教材的整合到教辅材料的选用,从教研到教学五大环节(备课、上课、作业、辅导、考试)的落实,都必须按照教学规律扎扎实实地推进。

今天关于教学五大环节的落实,因为要回应社会的诉求,就有许多障碍和限制，这使教师无法行使应该行使的全部教学权力。譬如，现在要求"语文、数学和英语一周只能布置一次作业"。然而，这在教学层面很难操作。在作业环节，教师就不知道如何做才好，而且作业也成为家长的一个"痛点"。

"作业布置与批改"有两个重要的价值。其一，布置作业是为了让孩子们巩固、内化和迁移当堂学习的新知识、新技能、新方法、新概念、新定理……譬如，数学课上教师用一道例题讲了一个概念或原理，就必须用配套习题让学生练习、内化，实现概念或原理的迁移，将其变成学生的能力。而课堂上时间是有限的，又受制于孩子智力结构的不同，有些孩子如果达不到一定的练习量，就不能实现内化和迁移，最终也形不成发现问题、分析问题、提出问题、解决问题的能力。显然，不论就当下的考试还是将来的工作来说，不布置作业的教学都是无益的。其二，批改作业，是为了检测孩子们对学习的新知识是否领会、理解、巩固、内化、迁移了。如果没有对足够数量的作业的批改，教师就无法对教学情况进行诊断，也无法对教学策略做出相应的调整，那又怎么能够保证学业成绩呢？

现实中，我们可以看到，特别是在小学，家长大量介入教学领域，想方设法干扰或影响教师的教学，并且利用个别负面典型造势，形成社会舆论压力，迫使政府出台政策去回应自己提出的种种非专业诉求，譬如，对家庭作业的规定、课后延迟放学、教师托管学生等。实际上，这些已经偏离了教学的基本规律，最终受到损害的还是我们的孩子。

如果说课程标准过高、教学内容过多而导致孩子学业负担过重，那么，就需要相关教育机构重新审定课程标准，降低学业要求，并把学习内容进一步细化、具体化，然后对相应的教材内容进行压缩，研发出不同梯度的学习内容以及配套教材，让智力结构不同的孩子选择性学习，而不能固守高度一致的难度、容量和几乎统一的标准、要求。学业水平检测时，也要让孩子根据不同的学习内容做出不同的试卷选择，让每个孩子在自己的水平上都能够学好，真正实现因材施教。这样，教师就知道如何教，家长也知道如何对待孩子，从而不再焦虑，不再涉足教学专业领域，随意干预教师的工作了。

所以，教师的要归教师。要尊重教师的专业性，清除来自四面八方的种种压力和限制，把教学的权力还给教师，让教师能够根据孩子的特点、按照教学规律淡定地组织教学，以求得较高的教学质量。

二、家长的职责是什么？也是简单的一句话：把孩子养大。如何养大？我认为有三条。其一，提供生活保障，让孩子有一个好体格，健康成长。其二，为孩子做出榜样，创设良好的家庭环境，让孩子拥有高尚的德行。其三，陪同孩子长大，拿出更多时间和耐心，与孩子一起学习、游戏、运动、交流、交往、互动等，让孩子按照自身发展规律，成长为一个合格的公民。

现在的家长更多地关注孩子的学业成绩，当然，望子成龙、望女成凤无可厚非，但是，对学业的要求必须适当，因为孩子的智力、智能、爱好、性格、习惯等是不一样的，都要求他们考上重点大学是不现实的。

因此，教师和家长明确各自的界限，各负其责，才是正常的教育生态。

为什么要在学校设立"特区"

今天，坐在位于中国科学院校区的办公室里，我听到四年级一个班的孩子在隔壁的教室里不断争论着，中间夹杂着教师指点的声音。听起来孩子们非常激动，原来他们在动手制作自己设计的作品，碰到了许多困难，于是小组展开了热烈的讨论。

这里是我们的"超学科"实践基地，也叫"小蚂蚁梦工场"。

每天会有两个班的学生来到这里，把学到的知识应用于实践。他们在一个上午或一个下午的时间里通过小组通力合作，把自己的想法或创意变成图纸或构想，再把图纸或构想加工制作成模型或成果，最后展示模型或发表成果，让全体同学一起分享。通过分享让大家发现自己在独立思考、合作沟通、思维方式、动手能力、艺术水平等各个方面的差异，然后相互学习，取长补短，实现自己的成长。

我们把这种打破了传统学校结构、格局和运行方式的校园，称为"学校特别的校区"，简称"特区"。

既然是"特区"，显然就与其他校区不同，在课程形态、学习目标、研发内容、课程资源、师资配置、学习空间、时间安排、教学方式、评价形式等方面不同于现代学校的办学模式。

为什么要在学校设立"特区"？

为决胜全面建成小康社会、实现新时代中国特色社会主义发展的奋斗目标提供有力支撑，中共中央、国务院印发了《中国教育现代化2035》。今天在校的小学生到2035年正是风华正茂的青年，他们将成为那个时代思想最活跃、精力最旺盛、创造力最强的公民。

显然，2035年的世界将更加全球化、信息化、智能化。我们应该清醒地看到，与工业革命相伴生的现代学校办学模式所培养出来的人，是否适应2035年那不可确定的世界还是一个问题，所以需要不断地推进对办学理念、教育制度、管理体制、运行机制、经费制度、课程研发、教师发展和家校合育等诸多要素的变革。

现代学校的核心是班级授课制。1632年捷克教育家夸美纽斯出版《大教学论》，形成了班级授课制的系统化理论；1806年德国教育家赫尔巴特《普通教育学》的出版，使班级授课制进一步完善并基本定型。之后，工业革命进程加快，工业迅速发展。工业革命需要大量的产业工人，现代学校的办学模式与之相适应，可以多、快、好、省地培养出流水线上的工人。随着第二次、第三次工业革命的迅猛到来，现代学校的办学模式得到了进一步发展和巩固。

我国是在清朝末年使用班级授课制，引进现代学校办学模式的。新中国成立初期全面引进苏联教育家凯洛夫的《教育学》所主张的做法。虽然在不同时期对现代学校进行过调整与改革，但直到今天"以教材为中心、以教师为中心、以课堂为中心"的班级授课制并没有得到根本性的改变。

显然，今天的学校办学模式，是很难培养出未来智能化社会所需要的人的。因此，推进学校的变革势在必行。

发展于工业革命时期的现代学校办学模式，与工厂车间的生产模式是高度相似的：工厂是以产品为中心组织生产的，而学校是以知识为中心组织教学的。因为强调以知识为中心，为了追求知识学习的速度，现代学校里的时间、空间、人力、资源、节奏等教育要素被人为地切割成碎片。譬如，每天一节课一节课地走流程，每节课都把孩子们封闭在教室里，每节课要学习不同的学科知识，由不同的学科教师承担教学任务……然而，儿童是完整的人、自由的人，现代学校的最大弊端就是会削弱或剥夺人的全面发展这一教育要义。

儿童是活生生的人，他们不是被灌输知识的容器，而是学习和运用知识帮助自己成长的富有个性的生命体。今天的学校，培养的是明天社会所需要的人。学校存在的价值不在于教会孩子们掌握了多少知识，而在于他们是否拥有能够适应不可确定的未来社会的智慧。

当然，在一个较长的时期内，通过知识考试选拔人才的制度不可能改变，也就无法实现现代学校办学模式的全面转型；但是我们不能望洋兴叹，而要积极行动，推进学校不断变革，促进孩子们个性化、均衡、全面的发展，以培养适应未来社会的人。这就是我们探索学校"特区"的教育价值。

三

立德树人：既要读书，又要远行

一、"要不读书，要不远行"是人的终身学习方式

"要不读书，要不远行"揭示了学习的本质和规律。这里的"读书"，多指知识学习，是对间接经验的获得；"远行"，多指实践学习，是对直接经验的获得。它和古人所说的"读万卷书，行万里路"一样，是指广义学习，或者说是育人方式。

生命一旦孕育，就可以感知世界，开始学习。婴儿刚刚睁开眼睛时，就会好奇地观察、探究周边的一切；只要开始爬行，就要爬到未知的地方去探索；不管是什么，抓起来就塞进嘴里尝尝；开始站立、行走时，就更阻挡不住了，哪儿难走，就偏偏要去哪儿看看……儿童的学习劲头十足，探索欲望很强。由此可见，学习是人的一种天性。

然而，为什么儿童进入学校听老师讲课、坐在课堂上读书，就会慢慢失去这种天生的学习劲头、探索欲望？为什么儿童慢慢地就不愿意去学校了？原因是我们的学校和家庭一起改变了儿童的学习方式，把他们天生的学习方式换成了书面知识的记忆、背诵、理解、书写、计算、考试等，甚至以测试知识的掌握程度来奖惩儿童。从某种意义上说，是现代学校教育模式束缚或破坏了儿童的学习天性及好奇心。

一个人如何保持一生的学习兴趣和能力？看来，现代学校"死读书""读死书""读书死"的学习方式害人不浅。必须回归广义的学习，既要进行书本知识的学习，也要进行实践体验的学习，而不能仅仅强调和追逐其中的一个，而弱化和丢掉另一个。

"要不读书，要不远行"是保持学习兴趣、促进全面发展、实现立德树人根本任务的重要学习方式。

二、"既要读书，又要远行"是人成才的基本规律

自现代学校教育制度建立以来，为满足工业革命对产业工人的需要，孩子们的学习慢慢变成了车间流水线式的机械学习，变成了特别注重知识的狭义学习。这种学习强调通过"读书"获取间接经验，把儿童封闭在校园里，让他们端坐在课堂上，以书本知识为中心，以一节课一节课轮流上为学习形式，以教师传授和灌输为主要方式，全面、系统地学习学科知识。

这种狭义学习的最大优势在于能够在最短的时间内获取人类积累的知识，为通过考试，主要是笔式，选拔人才提供了最为方便和省劲的模式；但其最大弊端是导致学校教育的异化，形成了以追求分数为特征的教学机制。这造成儿童缺乏直接经验，缺少对世界和社会的感知和认知，进而导致儿童世界观、人生观和价值观出现偏差。北大学子弑母案，便是这种教育恶果的呈现。

获得书本知识与人的全面发展不是成正相关的。心理学认为，人的发展表现在认知、情感和行为三个维度上。认知是情感发展的基础，情感是导致行为的主导要素，同时行为和情感的变化又会促进认知的再发展、再提升。这里，"认知"是指感知和认知，"情感"主要表现为"三观"（世界观、人生观和价值观），"行为"是指心理和动作行为。对儿

童来说，他们对世界的感知和认知是发展的原点。

美国心理学家安德森认为，认知领域有两个维度，一个是知识维度，一个是认知过程维度。随着知识的学习，人的认知发生了改变，即通过学习知识，人建立了与世界的联系，形成了正确的世界观、人生观和价值观。

从应试教育到素质教育，从教学大纲到课程标准，都是对应试教育的一种校正，即必须培养全面发展的人，而不能仅仅培养"知识的容器"。

学习知识本身不是目的，只是一种手段，最终培养出全面发展的人才是学校教育的根本任务。

既要通过"读书"让学生获得更多间接经验，又要通过"远行"让学生形成更多直接经验，这才是实现立德树人目标的正确选择。

所以，"既要读书，又要远行"就成为今后学校教育变革和发展的方向。近几年"研学旅行"、劳动教育等综合活动课程，正是教育教学改革的反映。

三、"如何读书，如何远行"是学校完成立德树人根本任务的关键

对书本知识的学习可以进行体系化、结构化的命题考试，而实践活动考查起来则比较困难。所以，"一考定终身"仍是今后国家选拔人才的主要方式。

只要是高度统一的考试，只要是统一命题、统一阅卷、统一标准答案、在分数面前人人平等，就无法实现个性化的考查和甄别，回射到学校教育中，就会在一定程度上抹杀学生的个性和创造力。

当然，中国的高考改革正在发生转向，开始更加注重对学生解决问题能力和已有生活经验的考查。教育改革是为了实现立德树人的根本任

务。因此，必须实现学生的知识与实践的统一、间接经验与直接经验的联结、学生与世界的融通，只有这样才能培养出全面发展的人。

在这样一个时代背景下，一所学校如何让学生既读好书，又去远行？

第一，从培养目标出发，顶层设计和建构覆盖学生全部生活经验的"读书＋远行"课程体系。

玉泉小学按照"实施幸福教育，培养'德如玉，智如泉'的玉泉学子，让每一个孩子拥有幸福人生"的培养目标，建构起指向儿童未来生活的基础课程、拓展课程和实践课程三类课程，形成全时空、立体化、促进"认知、情感和行为"互动发展的幸福教育课程体系。在这个课程体系里，既有"读书"即知识学习的课程，也有"远行"即实践体验的课程。

在基础课程里，既有国家规定的九门课程，也有根据本校学情研发的、指向学生个性化学习的校本学习资源，强调对基础知识、基本技能、基本经验和基本思想的学习。在拓展课程里，既有按照年级设置的公共选修课程，也有指向学生个性化发展的自主选修课程，强调对国家课程的拓展和根据社会形势发展添加课程内容，以适应未来社会的需要。在实践课程里，既有校园内的十大好玩课程、"超学科"课程和家庭内的场馆式学习，也有校园外的农场劳动课程、"小蚂蚁"科考课程和国内外研学旅行课程等，强调格物致知、学以致用，以达成知行合一的目标。

第二，根据不同的课程形态，选择不同的学习路径和策略。

课程形态不一样，学习路径和策略也不会一样。我们推进以学习者为中心的课堂观察，在"学什么""如何学""学到什么程度"等问题上不断追问，研发出不同的课程形态，采取不同的"学程"。

我们在书本知识学习方面，进行了两项改革。一是按照布卢姆"教育目标分类学"认知领域理论和韦伯的理论，对知识进行深度等级研发，建立起由低阶思维向高阶思维发展的层进式课程活动群，按照"教、学、用"的课程结构，在学生学习知识的同时，推进学生在认知领域不断深入发展。二是研发出供学生自主学习的"资源包、工具箱和脚手架"，通过学习工具把学习的过程和权利还给学生，让学生通过独学、对学和群学等不同学习方式，实现自我建构和合作建构，发展高阶思维和创造能力。

在非典型课堂学习，譬如"超学科"课程、"小蚂蚁"科考课程、农场劳动课程等实践性课程中，首先让学生通过"项目式学习学习纸"进行前期知识的准备，然后让学生通过合作探究，选定研究问题，确定研究主题，再进行"创思、创图、创物、创造"，最后进行展示和评价，再次提取问题，开展深度研究。

只有通过"既要读书，又要远行"学习方式的变革，才能推进育人模式的变化，才能实现教育的根本目标——培养真正的人、全面发展的人。

我们学校的墙壁上贴着苏霍姆林斯基的一句话："我们应该使每一个学生在毕业的时候，带走的不仅仅是一些知识和技能，最重要的是带走渴求知识的火花，并使它终生不熄地燃烧下去。"

只有坚持"既要读书，又要远行"的育人模式，才有可能实现这样一种教育理想和追求。

后记

寻找教育的原生态

那时,我还在山东做校长。一个叫良子的小朋友,她姥姥是我原来在机关工作时的同事。她姥姥告诉我,因良子的父母调往青岛工作,良子准备暑假后转学。但到了秋季开学时,我看到良子背着书包蹦着、跳着、笑着又来上学了,就不禁问道:"怎么还没有转走哇?"

她姥姥笑着告诉我:"你们学校今年不是建了一列'幸福列车'吗?(她姥姥指了指校园里那一长溜绿色的列车模样的教室)她还没有享用过,这不,她爸爸、妈妈怎么动员她也不去青岛上学,非要留在这里感受一下'幸福列车'的味道!"

其实,青岛的风景和教育质量比我们那儿要好得多,可是孩子竟然不愿转学,原来是那趟"幸福列车"和其背后的幸福校园生活在深深地吸引着她!

这就是教育的原生态——校园应该是孩子们感到好玩的地方!

每天,我站在幸福校园里看叽叽喳喳小鸟一样的孩子们快乐地来到学校,感受幸福的校园生活,心中总是充溢着欣慰与感动:教育就是生活本身哪,生活就是孩子的世界呀。

应该让学校成为孩子们理想中的好地方,成为他们天天向往的地方。他们老远看到学校就欢呼雀跃,而不是愁眉苦脸,这才是理想中的好学校。如果孩子厌烦校园,那么,我们的教育还没有开始,就已经结束,甚至失败了。

教育，就是要让孩子们的幸福生活变成一种自由的体验！

在"蹲"了十几年教育管理机关后，我终于有机会到学校做一名校长了。对做校长，我乐此不疲，做过公办学校的校长，也做过民办学校的校长；做过乡村小学的校长，也做过城区学校的校长；做过小学校长，也做过九年一贯制学校的校长；做过地方的校长，也做过首都的校长；还办过多个幼儿园。此外，我们还组建了全国幸福教育学校联盟，从山东到新疆，从黑龙江到海南，有100多所追求幸福教育的中小学和我们一起行走。我们还以公益的方式"牵手"全国100所农村小学一同前进，为了我们孩子的幸福成长，为了"中国梦"的实现，为了民族美好的未来！

在三十多年的教育实践中，我一边学习一边研究，一边实践一边探索，一边思考一边写作。现在分享给读者诸君的就是对教育理念、教育体制、教育管理、教育运行、课程、课堂、教师、学生、家长以及社会等方面的思考，希望自己的思考能够让社会各界参考，促使大家努力让教育回归原生态，让更多孩子享受"幸福教育"生活。

感谢我曾经供职过的中国石化胜利油田教育培训处、山东省东营市胜利第四小学、胜利油田黄河双语学校、潍坊市北海双语学校、潍坊幸福教育学校联盟（坊子区凤凰小学、前宁小学、平柳小学、南流小学、安泰小学、穆村小学、李家小学、埠头小学、杨庄小学、邓村小学、曹村小学、逢王小学）以及现在正在任职的中国科学院附属玉泉小学的领导和同事，让我有许多能够对教育进行实践和思考的机会与平台。

最后感谢我的爱人王芳芝，她被称为我们家的"优秀饲养员"。从油田到东营，从东营到潍坊，从山东到北京，她精心且毫无怨言地"饲养"着我，让我心无旁骛地进行教育实践和思考。为了感谢她35年的相伴、相随、相助，特把此书献给她。

2019年8月1日于北京秀雅斋

图书在版编目（CIP）数据

重新发现教育 / 高峰著. —北京：中国人民大学出版社，2020.3
ISBN 978-7-300-27932-9

Ⅰ.①重… Ⅱ.①高… Ⅲ.①教育—研究—中国 Ⅳ.①G52

中国版本图书馆 CIP 数据核字（2020）第 025380 号

重新发现教育
高　峰　著
Chongxin Faxian Jiaoyu

出版发行	中国人民大学出版社		
社　　址	北京中关村大街31号	邮政编码	100080
电　　话	010-62511242（总编室）	010-62511770（质管部）	
	010-82501766（邮购部）	010-62514148（门市部）	
	010-62515195（发行公司）	010-62515275（盗版举报）	
网　　址	http://www.crup.com.cn		
经　　销	新华书店		
印　　刷	北京华宇信诺印刷有限公司		
开　　本	155 mm×230 mm　16开本	版　次	2020年3月第1版
印　　张	11.5　插页1	印　次	2020年12月第3次印刷
字　　数	150 000	定　价	49.80元

版权所有　　侵权必究　　印装差错　　负责调换